社会教育経営のフロンティア

田中雅文｜**中村 香**［編著］
Masafumi Tanaka, Kaori Nakamura

玉川大学出版部

はじめに

　本書は、「社会教育経営論」を学ぶためのテキストとして編集されたものである。「社会教育経営論」は、2020年度からはじまる新しい社会教育主事養成課程の必修科目の1つであり、「多様な主体と連携・協働を図りながら、学習成果を地域課題解決や地域学校協働活動等につなげていくための知識及び技能の習得を図る」（文部科学省「社会教育主事講習等規程の一部を改正する省令の施行について（通知）」より）ことを目的としている。

　なぜ、このような目的の科目が必要となってきたのだろうか。もともと、社会教育では、一人ひとりが豊かな人生を送るための学習を大切にするとともに、学習をとおした人と人とのつながりを醸成し、それが地域や社会全体をより良くする活動へと展開することを重視してきた。しかし、社会教育を取り巻く環境は大きく変容している。少子高齢化、国際化、高度情報化といった社会変化の大きなうねりの中で、私たちの生活様式やその基盤となる社会経済環境も急速に変わってきており、学習ニーズや学習機会の多様化も進んでいる。地方創生をはじめ、地域づくりの課題も山積している。このような環境変化の中で、社会教育の新たな役割が問われているのである。

　ところで、社会教育とは何だろうか。本文でも述べるように、社会教育法によれば「学校教育を除く組織的な教育活動（主として青少年及び成人を対象）」（第2条）である。となれば、地方公共団体の教育委員会における社会教育行政の部門にかぎらず、首長部局、企業、NPO、高等教育機関、草の根的な住民グループなど、様々な組織・団体が社会教育の活動を実践している。この多様性が社会教育の大きな特徴である。

　したがって、今後は上記のような行政内外の各部門・組織・団体において、社会教育に関する専門的な職員やスタッフが配置されることが望まれる。個人や社会からみた学習課題を的確にとらえ、多様な組織・団体と相互に連携・協働しながら学習機会を効果的・効率的に提供するとともに、地域づくりや社会づくりに対する学習成果の活用を促進する役割を担う人材である。

その際、地域と学校の協働の促進も、地域づくりの重要な側面となる。

　そのような人材として期待されるのが、社会教育士である。これは、新しい社会教育主事養成課程を修了すると、社会教育主事になるための資格と併せて取得することができる称号である。社会教育主事が教育委員会事務局におかれる専門的教育職員で、当該教育委員会において発令されて初めて社会教育主事となることができるのに対し、社会教育士は取得と同時に名乗ることができる称号で、自由に名刺に記載することもできる。

　一方、社会教育行政の部門には社会教育主事が配置され、前述のような多様な組織・団体の社会教育士とネットワークを形成し、地域づくりや社会づくりの学習的側面を総合的に支え、これからの生涯学習社会の発展に資することが期待されているのである。それは、住民自治や地域づくり・社会づくりに対する住民・市民の参画をコーディネートすることでもある。

　本書は、以上のような位置づけにある新しい社会教育主事養成課程のうち、社会教育経営を学ぶためのテキストである。では、社会教育主事や社会教育士として働くための基礎知識・技能を身につけるため、「社会教育経営論」では何を学ぶのか。以下に内容構成を示す。

　本書は、次のような4部・8章構成となっている。各部・各章で社会教育経営の視点を学ぶとともに、豊かな実践事例から具体的に考察できるようになっている。第1部は、本書の序論的位置づけであり、現代社会における社会教育行政の在り方を考察する。第2部では、社会教育行政を推進するうえで必要な考え方や仕組みを解説する。第3部では地域人材の育成と活用の方法を検討し、最後の第4部では地域をつくる社会教育について展望する。

　なお、本書では社会教育経営について具体的にイメージできるよう、先進的な事例を各章に2つずつ、合計16の事例を掲載している。事例は、例えば第1部に載っていれば、先ずは第1部に書かれた観点で読んでみることが大事である。しかし、読み進める中で得られた他の観点でも読み直してみると、最初に読んだ時とは異なる気づきがあるかもしれない。事例の選定にあたり、なるべく多様な地域の多様な先進的実践を紹介できるよう努力した。本書に紹介した事例をきっかけに、社会教育に関する様々な書籍を通して、あるいは自らが在住在勤する地域における先進的な取り組みについても調べ

てみて、社会教育実践の可能性を考えてみて欲しい。

　編集に際しては、自学自習しやすい仕組みを用意した。各部の扉には、その部で学ぶことを考える視点や概要が示されている。各章の冒頭には要点やキーワード、また各章の終わりには「確認問題」と「より深く学習するための参考文献や資料」が載っているので、学習の手がかりとして、発展的な学習にも挑戦してみて欲しい。各部の最後には、事例の解説を中心に補足的な説明を載せた。さらに巻末には、関連する資料や索引を載せてあるので、これらを活用して、学びを深めて欲しい。

　本書のタイトルは『社会教育経営のフロンティア』である。フロンティアとは、最先端、新たな分野、未開拓の領域というような意味があり、例えば「フロンティア精神」とは「開拓者精神」という意味である。本書のタイトルにフロンティアと付けた意図は、2つある。1つは、社会教育や社会教育につながる実践として先進的な取り組みと思える事例をたくさん掲載しており、そこから学んでもらいたいと考えたからである。2つ目は、本書で学んだ人が、社会教育の地平を広げていくフロンティアとなって欲しいという願いを込めてのことである。

　最後に、本書は様々な方のご協力によって刊行することができた。ご協力くださった多くの方々に心から感謝申し上げたい。

　2019 年 9 月

田中雅文

中村　香

目　次

はじめに　iii

第1部　現代社会と社会教育··1

第1章　社会の変化と社会教育への期待····························2

1　地域課題の解決への取り組み　2

2　地域づくりマネジメントを担う社会教育行政　5

3　社会教育の地平の広がり　8

事例1　子どもとともに歩む青森県大鰐町のふるさと再生　12

事例2　神奈川県川崎市の地域教育会議にみる地域の教育力　16

第2章　社会教育の役割の展開··································20

1　地域づくりを支える社会教育　20

2　社会教育の真価が問われる地域学校協働活動　24

3　社会教育の本質を捉えた展開　27

事例3　栃木県における地域連携教員制度　30

事例4　持続可能で包容的な社会づくりを目指す岡山市のESD　34

第1部のおわりに　38

第2部　社会教育行政の経営··39

第3章　社会教育行政の仕組み····································40

1　社会教育行政の役割　40

2　学習課題の把握　45

　3　社会教育行政と広報　47

　事例5　社会教育あふれる長野県づくり　50

　事例6　東京都北区立文化センターにおける「地域理解講座」　54

第4章　社会教育施設の経営 ………………………………………………58

　1　「経営」からみた社会教育施設　58

　2　館長に求められる役割　61

　3　新しい経営手法とネットワーク　64

　事例7　持続可能な地域をつくる福生市公民館の挑戦　68

　事例8　地域課題の解決に取り組む沖縄県那覇市若狭公民館　72

第2部のおわりに　76

第3部　地域人材が育つ社会教育 ………………………………………77

第5章　地域づくりの担い手を育む ……………………………………78

　1　地域づくりと学習　78

　2　地域人材と地域づくりの担い手　80

　3　担い手はどのように育まれるのか　83

　事例9　自己再発見の学びを促す「すぎなみ大人塾」　88

　事例10　福井市立円山公民館の広報誌から深まる地域づくり　92

第6章　社会教育におけるコーディネート機能 ………………………96

　1　コーディネート機能とは何か　96

　2　社会教育におけるコーディネート　100

　3　地域学校協働活動におけるコーディネート　104

　事例11　福祉と社会教育をつなぐ「喫茶」の役割　108

　事例12　楽しみながら学び続ける地域をつくる北光クラブ　112

第3部のおわりに　116

第4部　地域をつくる社会教育 ………………………………117

第7章　学びに基づく地域づくり …………………………………118
　　1　地域づくりとは何か　118
　　2　地域づくりと学習の循環的発展　119
　　3　社会教育の役割と可能性　124
　　事例13　市民主体のまちづくりに取り組むけやきコミセン　130
　　事例14　ナショナル・トラストでヤイロチョウの森を守る活動　134

第8章　ネットワークの展開…………………………………………138
　　1　学びからみたネットワーク　138
　　2　ネットワークからみた社会教育行政の課題　142
　　3　ネットワークとしての地域学校協働活動　145
　　4　今後の展望─新しい社会教育経営を目指して　146
　　事例15　「主体者」と「支援者」がともに進める復興活動　148
　　事例16　ダイバーシティ経営と人材育成　152

第4部のおわりに　156

　　資料　157
　　索引　199

第1部　現代社会と社会教育

　2015年9月25日、国連総会で「持続可能な開発のための2030アジェンダ」が採択された。その中で、2016年から2030年までの国際目標として「持続可能な開発目標（SDGs）」が示された（**資料1**）。SDGsの1番目にある貧困を例に考えてみると、貧困には、1日の生活費が200円にも満たない「絶対的貧困」と、等価可処分所得が全世帯の中央値の半分未満の「相対的貧困」があり、日本の相対的貧困率はOECD加盟国の平均を上回る。特に、シングルマザー世帯の子どもの貧困は顕著であり、貧困や孤食の子どもたちのために地域の人々が無料もしくは安価で食事を提供する「子ども食堂」が全国に広がっている。つまり持続可能性は、個人からローカルな地域社会、グローバルな国際社会に至るあらゆるレベルの課題であり、他者や世界への理解、また、地域社会から国際社会を展望する視野の形成が鍵になる。

　そこで、改めて社会教育への期待が高まっている。社会教育では人々の主体的な学びを支えるとともに、人々のつながり・仲間づくりに基づく地域づくりや、社会における様々な課題と向き合ってきたからである。

　以上のことから、第1部では、第1章で社会の変化に伴い社会教育や地域づくりマネジメントがいかに必要になってきたのか、第2章では社会教育をめぐる新たな動向をもとに社会教育の地平の広がりを考察する。

SDGsの17のゴール

第1章 社会の変化と社会教育への期待

本章では、社会の変化に伴い生じてきた地域の課題を概観した上で、地域づくりマネジメントの意義について、マルチステークホルダー・プロセスの考え方の紹介とともに考察する。また、地域社会の課題が山積する現代においては、社会教育が改めて見直されていることや社会教育の地平が広がっていることについて考察する。

キーワード 地域課題、社会的包摂、持続可能な発展、地域づくりマネジメント、マルチステークホルダー・プロセス

1 地域課題の解決への取り組み

地域社会には、課題が山積している。例えば、国際化に伴う多文化共生や人権尊重の課題、高齢化に伴う健康・労働・社会福祉の課題、情報化に伴うリテラシーや青少年健全育成の課題、防災・防犯の課題など、枚挙に暇がない。また、地域課題の特徴は、様々な要素が複雑に絡み合い、課題の構造が見えにくく、自分たちの課題として認識し難いことである。

(1) 地域社会のコミュニティ機能の低下

地域課題の影響を、具体的な事例とともに見てみよう。地域課題の1つとして、コミュニティ機能の低下が挙げられる。地方における少子高齢化や人口減少は著しく、このまま大都市圏への人口移動が収束しない場合、消滅可能性が高い市町村が全体の30％近いという推計がある[1]。集落が小規模・高齢化し、コミュニティ機能が低下すると、次のような問題が生じてくる。

- 産業基盤の問題：働き手や働き口の減少
- 生活基盤の問題：学校・公民館・道路などの公共施設の維持困難
- 地域文化の問題：伝統的祭事・生活文化・芸能などの継承の困難
- 住民生活の問題：商店の閉鎖や公共交通の利便性の低下

本書には、財政難となった青森県津軽地方の大鰐町（おおわにまち）における取り組みが紹介されている（**事例1**）。大鰐町では、多くの大人が財政難の町への希望を失っていたのである。大人が子どもたちに大都市へ行くように勧めざるを得なかったこと、また、町を活性化させようとする人々の想いや取り組みから、人口減少の課題や地域づくりの意義が読み取れる。2007年に地域おこしグループ「OH!! 鰐　元気隊」が立ち上がってから、子どもたちも巻き込む地域再生の動きが興った。そして、町民の意識を変えることが「ふるさと教育」であると説かれている。コミュニティ機能の再生には、共同性を蘇らせるために子どもを含む住民の意識変容を促す学びが必要ということである。

(2) 若者を生きづらくする「社会的排除」

　人口減少や少子高齢化が進む地域がある一方で、**事例2**の舞台である神奈川県川崎市は人口が増えており、2017年4月には150万人を超えた。また、他の政令指定都市に比べると、生産年齢人口（15歳以上65歳未満）の割合が高く、老年人口（65歳以上）の割合が低いという特徴がある。若者層が厚いこともあり、1990年代には若者をめぐる問題が多発していた。

　1990年代に若者をめぐる問題が顕著であったのは川崎市に限ったことではない。1991年のバブル経済の崩壊以降、ニート・フリーター・ひきこもりなどの言葉が声高に叫ばれるようになった。その当時は「近頃の若者は、やる気が無い」などと若者に問題があるように言われていたが、今は若者自身の問題というよりも、不安定な就労や失業に追いやる「社会的排除（social exclusion）」の問題と捉えられるようになっている[2]。社会的排除とは、社会の様々な制度や領域において、その構成員としての地位や保障を得られない状況に追いやることであり、排除が子どもの頃から累積・連鎖することが特に問題である。ゆえに社会から孤立した人々が潜在能力を発揮し、社会の一員としてつながり合える「社会的包摂（inclusion）」を目指す取り組みが、各地で展開されている。

　事例2では、校内暴力などの問題が多発していた地域の子どもたちが、祭りなどの地域の様々な体験活動に参加する中で成長する様子が記されている。地域が「教育資源の宝庫」であったと説かれているが、祭りなどのイベント

第1章　社会の変化と社会教育への期待　｜　3

を開催しさえすれば、子どもたちが成長するという単純なことではない。社会的に排除されがちな子どもたちを地域の人々が見守り、ともに生きることで、地域の人々の意識も変容し、子どもたちの成長を促したのである。**事例2**で説かれているように、地域とは「掘り起こされ、つながり、形となってこそ、その力を発揮する資源」であり、人がいれば自動的に「教育資源の宝庫」になり、地域社会が活性化するわけではない。

(3) 持続可能な発展を目指す

　過疎化が進む青森県大鰐町と若者が増える神奈川県川崎市の事例は対照的であるが、いかなる地域にも課題があるということである。例えば、今日の日本では長寿化や人口減少が進んでおり、「人生100年時代」を見据えた生き方を一人ひとりが考える必要があるとともに、そのための教育・医療・福祉・労働などの見直しが、日本全体の課題となっている。

　一方で地域社会に目を転じてみると、核家族化やつながりの希薄化、都市化と地方財政の悪化などにより、地域社会の維持も難しくなっており、「地方創生」が政策のキーワードとなっている。グローバル化や生活の至る所に人工知能（AI）が普及する「超スマート社会（Society5.0）」への転換が推進される反面、貧困・インターネットリテラシーの問題なども顕著である。

　また、2015年の国連総会で「持続可能な開発目標（SDGs）」が示され、グローバルな課題にもローカルに対応しなければならない（**資料1**）。第1部の扉で記したとおり、個人・ローカルな地域社会からグローバルな国際社会に至るあらゆるレベルで課題がつながっているからである。一人ひとりが自らの生き方や社会の在り方を捉え直し、地域社会から国際社会を展望する視野を培うとともに、行政・NPO・企業・大学などの組織が、それぞれの領域や場面で主体的に考え、連携・協働しなければ、社会は持続不可能になっているのである。そして、持続可能な発展を目指すためには、課題の解決につながる多様な取り組みが必要であり、本書の事例が示すとおり、各地で着実な取り組みが展開されている。

2 地域づくりマネジメントを担う社会教育行政

　地域社会には課題が山積しており、行政機関は公共的価値の実現を図らなければならない。今日では市民活動団体やNPOなども、その役割を果たしている。行政機関のみでは、活気ある民主主義社会を築くことはできないからであり、**事例1・2**においても、地域住民が地域づくりの一翼を担っている。現代の地域課題は地域住民のみならず、企業などの組織や医療・教育などの機関も関わらなければ解決できないのである。

(1) マルチステークホルダー・プロセス

　内閣府では持続可能な未来のために「マルチステークホルダー・プロセス」（以下、MSP）を推進している。ステークホルダーとは、直接・間接的に利害関係を有する者のことであり、地域社会においては、地域住民や、医療・福祉・教育・NPO・企業などの機関や組織も含まれる。MSPとは「3者以上のステークホルダーが、対等な立場で参加・議論できる会議を通し、単体もしくは2者間では解決の難しい課題解決のために、合意形成などの意思疎通を図るプロセス」[3]であり、その特徴は、**表1-1**のとおりである。

　MSPとは、公共的価値を実現するためにマルチステークホルダーの意見を取り入れ、ステークホルダーが主体的に課題解決に参画することを促すことであるが、立場の異なるステークホルダーの意見を取り入れるのは容易なことではない。例えば公園を造る場合でも、立場により公園に求める内容が異なるからである。子どものために遊具や走り回れる広場が欲しい人もいれば、散歩の際に楽しめる花壇や休憩できる場所を望む人もいる。また、行政は災害時の避難場所としても公園を利用したいかもしれないが、落ち葉の掃除や公園で遊ぶ人の声などを煩わしく思い、公園がない方がよいと思う人もいれば、ショッピングモールなどにしたい企業もあるだろう。

　ゆえに、関係するマルチステークホルダーが、地域全体のビジョンや課題を共有し、全体最適を追求する必要がある。また、地域課題の解決という公共的価値を実現するためには、それぞれの価値観・課題意識・都合などを共

第1章　社会の変化と社会教育への期待　5

表1-1　マルチステークホルダー・プロセスの特徴

信頼関係の醸成	利害の食い違う関係でも、先ずは、対等な立場での対話を持ち、お互いを理解していくことから信頼関係を深めていく。
社会的な正当性	多様なステークホルダーが参加することで、多様な意見を反映させることができ、社会的な正当性が得られ、市民からの理解も得やすくなる。
全体最適の追求	単独の取組、もしくは2者間での対話では解決が難しい課題において、課題に関係する全てのステークホルダーで行動することで解決の可能性が見出されることがある。
主体的行動の促進	共通の課題を解決する為に参加主体が自らできることを考えていくことで、各参加主体の主体的行動が促される。
学習する会議	社会課題が変化・複雑化していくなか、そうした課題に対応できる為には、各主体が他のステークホルダーの考え方や社会全体の構造を理解し、社会全体を捉える視野を持って、解決策を考えていくことが必要になる。マルチステークホルダー・プロセスでは、参加主体が、そうした他のステークホルダーの考え方など社会全体を捉える視野を学んでいくことによって、社会問題解決能力を高め、会議自体が進化していくことが期待される。

内閣府「マルチステークホルダー・プロセスの定義と特徴」https://www5.cao.go.jp/npc/sustainability/concept/definition.html（アクセス：2019.5.20）より作成

有し、全体最適や新たな価値を創出する学び合いのみならず、自らの役割を果たす協働をしなければならない。「あの人がしないのなら私もしない」とか「あの人に任せておけばよい」ではなく、「お互い様だから私もする」という主体的な協働がなければ、公共的価値は実現しないのである（図1-1）。

（2）マルチステークホルダーとの連携・協働

では、社会教育行政がいかにしてマルチステークホルダーと連携・協働し、持続可能で活気のある地域づくりをするのか。内閣府の報告書によると

 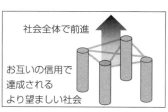

図1-1　マルチステークホルダー・プロセスの全体最適

内閣府「マルチステークホルダー・プロセスの定義と特徴」https://www5.cao.go.jp/npc/sustainability/concept/definition.html（アクセス：2019.5.20）

MSP に決まった手順はなく、導入時の参考が記されているのみである。

　MSP のような考え方は、社会変革（Social Innovation）、企業などの組織改革・組織学習（Organizational Learning）の研究や実践で提唱されてきたことであり、類似するアプローチは多数存在する。例えば、ジョン・カニア（Kania, J.）とマーク・クラマー（Kramer, M. R.）が 2011 年に提唱した「コレクティブ・インパクト」も、異なる立場から集った主体が特定の社会的課題解決のために責任を持って取り組む社会変化の共創を意図したものである。

　また、社会変革や組織改革に関するアプローチに通底するのが、ピーター・センゲ（Senge, P. M.）の『学習する組織』（1990 年）により世界に広まった「システム思考」である（**資料 2**）。「システム思考」とは、物事のつながりや、自分自身がそのつながりの一部であるという視点で事象の全体性や自分自身の在り方を捉える考え方である。多くの文献があるので、それらを参照すれば、進め方の手がかりを得られるであろうが、世界的に一定の評価を得ている文献にはハウツーリストのようなものは書かれていない。組織学習の第一人者であるセンゲが「ほとんどの『ハウツー』本が実践的ではない」「実践的なノウハウは実践と絶えざる内省によってのみ培われる」[4]と説くように、実践の中に示唆がある。

(3) 古いようで新しい社会教育

　ここで、改めて社会教育が行ってきたことを捉え直してみると、MSP で説かれていることや、世界的に一定の評価を得ている社会変革や組織改革の理論として提唱されていることは、社会教育が行ってきたことではないか。

　例えば、岡山市における ESD（Education for Sustainable Development、持続可能な開発のための教育）への取り組みでは、行政内外のマルチステークホルダーとのネットワークで、公共的価値を共創している（**事例 4**）。岡山市では中学校区毎に公民館が設置されており、各館に社会教育主事や社会教育主事の任用資格を持つ嘱託の公民館主事が配置されている。自治体政策として「ESD 岡山モデル」を構築し、公民館が ESD 推進協議会の事務局を担い、地域住民・行政・NPO・団体・大学などとの学び合いに基づく持続可能な社会の共創を志向しているのである（**表 1-2**）。

表 1-2　ESD 岡山モデルの特徴

1.　多種多様な団体や人が ESD に関わる「場」の提供
・つながる機会→対話→学び合いの創出
・多様な団体が学び合える「ゆるやかな」ネットワーク
・ESD に取り組む団体・市民の増加とエリア的広がり
2.　行政による主体的かつ継続的な ESD の推進
・安定性・組織力・既存のネットワークの活用・信頼がある
・ESD が地域社会全体の公共的施策（新しい公共）と位置づいている
3.　専従コーディネーター（事務局配置）によるサポート
・継続したサポート
・地域内外の多様な団体を結ぶ
・関係者との信頼関係・協力的なネットワーク
・外部勤務経験を活かした新たな視点
4.　公民館を拠点とした ESD 推進
・地域住民への「学ぶ場の提供」
・公民館職員がコーディネーターとして NPO・市民活動・地縁組織のネットワークづくり
・公民館が社会教育施設として再認識される
・地域住民の活動を ESD 的視点から意味付けができている
5.　地域が主役、大学はサポーターとなり応援
・大学による地域の ESD 活動への連携・支援
・専門的視点の活用により、地域の人々だけでは発見できない「気づき」があり、地域の魅力再発見につながる

岡山 ESD 推進協議会「岡山 ESD プロジェクト」2014 年、pp. 7-8 に基づき作成

3　社会教育の地平の広がり

　社会教育とは、本書の第 2 部で詳述されているように、教育基本法（**資料 7**）や社会教育法（**資料 8**）に位置づけられた営みであり、「学校の教育課程として行われる教育活動を除き、主として青少年及び成人に対して行われる組織的な教育活動」（社会教育法第 2 条）、「個人の要望や社会の要請にこたえ、社会において行われる教育」（教育基本法第 12 条）である。そして第 3 部で述べるように、自主的な学び合いによる自己実現や地域の担い手づくりをしてきたとともに、第 4 部に書かれているように学びに基づく地域づくりを担ってきた。

　課題が山積する現代社会では、学校教育以外という社会教育の地平の広さ、

8　第 1 部　現代社会と社会教育

学び合いに基づく地域の担い手づくり、地域づくりという点から、社会教育が改めて見直されている。社会教育行政担当部局が多様な主体と連携・協働を図りながら、学習成果を地域の課題解決や地域の教育力の向上などにつなげていくことが期待されている（**図1-2**、**資料3**）のである。

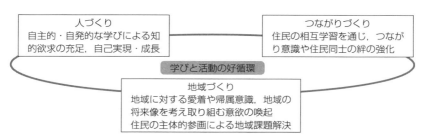

図1-2　地域における社会教育の意義と果たすべき役割
中央教育審議会答申（概要）「人口減少時代の新しい地域づくりに向けた社会教育の振興方策について」2018年、p. 1

（1）社会教育の展開

　岡山市では、「ESD岡山モデル」をグローバルにも展開し、2014年に「ESDに関するユネスコ世界会議」を開催した。これは、「CLC国際会議」として開催されたのであり、CLCとは、アジア諸国に広がる公民館に類似したCommunity Learning Center（コミュニティ学習センター）のことである。海外でも、公民館における共同的学習活動のような人々の生活課題や地域課題の解決につながる学習が展開されているのである。

　栃木県においては、学校づくりと地域づくりを総合的に推進し、学校教育と社会教育という枠組みを超えた連携活動で、学校教育や社会教育のみでは難しい教育効果を上げている（**事例3**）。栃木県では公立学校教員に社会教育主事資格の取得を推進し、社会教育の知見を持つ教員を「地域連携教員」として各学校に1名配置し、校務分掌にも位置づけたのである。地方教育行政の組織及び運営に関する法律の改正（2018年）により「地域とともにある学校づくり」を目指す学校運営協議会の設置が教育委員会の努力義務になったが、栃木県においてはそれに先立つ先進的な取り組みをしている。

(2) 既存の枠組みを超えた展開

　地域社会は課題が山積する一方で、職業や生活を通して経験や知見を培った人々や組織の宝庫である。第1部の事例の執筆者を概観しただけでも、本業は社会教育と関わりがなくとも地域や子どもたちのために骨身を惜しまずに尽力する人（**事例1・2**）、学校教育と社会教育の両方に知見や実践が豊かな人（**事例3**）、グローバルな視野で社会教育に携わる人（**事例4**）がいる。
　また、本書には企業の事例も載っている。1つは、地元に根差した企業であり、地域理解に基づくつながりづくりを目的に、「北区の商店街を歩く」という特別講座を8年にもわたり継続実施している指定管理者（**事例6**）である。もう1つは、世界的に著名な大企業としてグローバルに事業を展開するために、ダイバーシティ経営に取り組む企業（**事例16**）である。
　地域社会で公共的価値を実現するためには、首長部局と教育委員会、学校教育と社会教育、あるいは行政と民間企業という領域や枠組みを超えた連携・協働が不可欠になってきている。企業においても、「企業の社会的責任（CSR）」や「共通価値の創造（CSV）」が企業価値を高めると考えられているので、社会教育行政担当部局が企業との連携を推進することで、社会教育の地平を広げることにもなる。そのためには、企業の経営戦略などについても学ぶ必要がある。

(3) 開かれ、つながる社会教育の実現

　2018年末にまとめられた中央教育審議会答申「人口減少時代の新しい地域づくりに向けた社会教育の振興方策について」（**資料3**）では、「人づくり・つながりづくり・地域づくり」（**図1-2**）という社会教育の役割を一層推進する為の方向性が示された。住民が主体的に参加するためのきっかけづくり、地域での学びと活動が活性化するように多様な人々の活躍を後押しすること、首長部局・NPO・大学・企業などと幅広く連携・協働することであり、それらによって「開かれ、つながる社会教育」を実現することである。同答申で「人口減少など社会の大きな変化の中にあって、住民の主体的な参画による持続可能な社会づくり、地域づくりに向けて、社会教育はこれまで以上

に役割を果たすことが期待されている」[5]と説かれていることを踏まえ、本書では社会教育経営について、先進的事例と共に学んでいく。

注

1）中央教育審議会答申「人口減少時代の新しい地域づくりに向けた社会教育の振興方策について」2018年、「附属資料」p. 4。
2）岩槻知也編著『社会的困難を生きる若者と学習支援』明石書店、2016年。
3）内閣府「マルチステークホルダー・プロセスの定義と特徴」https://www5.cao.go.jp/npc/sustainability/concept/definition.html（アクセス：2019.5.20）。
4）ピーター・センゲ他『フィールドブック　学習する組織「10の変革課題」』日本経済新聞社、2004年、p. 407。
5）中央教育審議会答申「人口減少時代の新しい地域づくりに向けた社会教育の振興方策について」2018年、p. 3。

確認問題

(1) 社会の変化に伴いどのような地域課題が生じてきたか、説明しなさい。
(2) なぜマルチステークホルダー・プロセスが必要なのか、説明しなさい。
(3) なぜ「開かれ、つながる社会教育」が推進されるのか、説明しなさい。

より深く学習するための参考文献や資料

• 田中治彦他編著『SDGsとまちづくり』学文社、2019年（SDGsの基本的なコンセプト「住み続けられるまちづくり」（SDG11）を担う地域人材を育む学びについてまとめられている）。
• ピーター・センゲ『学習する組織』（枝廣淳子・小田理一郎・中小路佳代子訳）、英治出版、2011年（システム思考で未来を創造するプロセスや意味を考えられる社会改革や組織改革の基本的な書籍である）。
• デイヴィッド・ストロー『社会変革のためのシステム思考実践ガイド』（小田理一郎監訳）、英治出版、2018年（複雑な社会的課題の解決策をともに見出し、コレクティブ・インパクトを創造する実践的なガイド）。

事例 1　子どもとともに歩む青森県大鰐町の ふるさと再生

1　ふるさとの再生を目指して

　青森県津軽地方の南端に位置する大鰐町は、1980 年代から 1990 年代前半にかけて、国の総合保養地域整備法（通称：リゾート法）に賛同。県とも連携し、大型リゾート開発を進めた。しかし、その後のバブル崩壊（1991 年）により、施設は廃業に追い込まれ、破綻。町は一気に財政難となり、「この町はもうダメだ！　しっかり勉強し、良い大学へ入り、東京や大阪などでがんばりなさい！」と、大人たちが子どもたちへ言うのがあたりまえの会話となっていた。危機感を持った筆者らは、「この子どもたちに夢や希望を持たせ、併せて親や大人たちの意識改革もせねば！」との強い思いから立ち上がることとなった。「ふるさと再生」こそが、我々の目的である。

2　地域おこしグループ「OH‼鰐　元気隊」の挑戦

　2007 年、「OH‼鰐　元気隊」という地域おこしグループを立ち上げた。筆者は 43 歳だったが、町内の親友や後輩 15 名に「町を元気にするため、子どもたちとともに活動しませんか」と呼びかけ、発起人 16 人でスタートした。1992年に地域おこしの第一人者から「ふるさと教育論」を学び、地域おこしグループ「おおわに足の会」を立ち上げ、約 15 年間にわたり実践してきたことや、全国の同じ問題を抱える仲間とのネットワークが原動力となっていた。

　2007 年 10 月には会員数 130 名で「OH‼鰐　元気隊」が発足。2008 年春からは、大鰐小学校の 5・6 年生約 70 名の「OH‼鰐　元気隊キッズ」も加わり、活動に拍車がかかった。同年 5 月から、元気隊と元気隊キッズ合同による「町内ボランティア清掃活動」が始まった。毎月、町内の観光名所やイベント会場、JR や私鉄駅周辺などで、大人とキッズでチームをつくり、ゴミ拾いや窓拭きなどをする。その際にも、元気隊隊員は事前ミーティングを行い、「清掃活動中のキッズとのコミュニケーションの際には、絶対に町の悪口やネガティヴな会話はせず、町の良いところや将来展望について語り合うこと」というルールをつくった。以来、この清掃活動は 11 年間継続している。

翌2009年から「元気隊キッズ野菜」づくりも始めた。同年秋からは東京都内にある青森県のアンテナショップ「あおもり北彩館 東京店」にて、「OH!!鰐　元気隊キッズデー」（毎年10月第1土曜日・日曜日の2日間）と称し、地元小学生が自ら育てた大鰐高原野菜を販売体験する活動もスタートした。野菜ソムリエ・種苗会社・一流レストランのシェフなどに、東京や大阪の飲食店で流行しそうな野菜について相談（時には講義も依頼）し、収穫時期を考慮して植え付けた成果である。

　東京での販売体験活動初日の夜には、子どもたちと元気隊隊員のメインイベント「大鰐町PR交流パーティ」を開催している。パーティ会場は、大手ハンバーガーチェーンが直営する一流レストランを貸し切る。参加者には、そのハンバーガーチェーンの社長や重役、大学教授、省庁職員、有名フードジャーナリスト、名企業経営者らが名を連ねる。キッズ隊員は、全員手づくりの名刺を持参し、この日が人生初の名刺交換の日となる。子どもたちは著名な社会人と堂々と名刺交換し、大鰐町をPRするのである。席順は、大人と子どもが必ず交互に座るようにし、大人も子どもたちの目線で大鰐の良さを子どもたちに伝えるという楽しい夢のような刻を過ごす。そして終了時には、ハンバーガーチェーン社長や外車ディーラー社長らがキッズ隊隊員全員に、非売品グッズやハンバーガー無料券などを配り、和やかに閉会。翌日も販売体験会場にその方々がお土産持参で激励するなど、感動の連続で2日間の全行程を終える。

　東京から帰宅した子どもたちは皆同様に、両親や祖父母に著名人の名刺を見せながら話す。「お父さん、お母さん、おじいちゃん、おばあちゃん、『大鰐町は、借金まみれの町でもうダメだから、しっかり勉強し良い大学に入り、地元じゃなく東京や大阪の大きな企業に就職しなさい！』と言うのは、間違いだよ！　だって、こんなに凄い方たちが『大鰐町には、日本一美味しい大鰐温泉もやし、高原りんご、高原野菜があるし、温泉やスキー場、大円寺などもすばらしい財産だ。将来大鰐町は必ず再生し、すばらしい町になるよ！』って、言っていたよ」と目を輝かせながら話すのであ

大鰐町PR交流パーティでの名刺交換の様子

る。

　その結果、子どもたちの家族は一様に我が子の急成長に驚き、電話、メールなどをしてくる。その内容は決まってこういうものだ。「今まで自分の子どもに『大鰐は、ダメな町だから……』と言ってきたことを恥ずかしく思う。東京から帰ってきた我が子の話を聞き、頭をガツンと殴られた思いだ。これからは、自分の故郷の悪口を言うのをやめる。子どもから気づかされた。本当にすばらしい活動だ。ありがとうございます」と。我々の目的「ふるさと再生」への第一歩の瞬間である。

　この活動は、2018年で11回目を迎える。10年前の第1期生は大学を卒業し、それぞれに大きな夢を持ち、様々な職に就いた。今後も20年30年と活動を続けることにより、キッズ隊OB・OGの中から次々とニューリーダーが誕生し、大鰐町再生の先頭に立ち、活躍してくれること、そして、これこそが「ふるさと教育」なのだと確信する。

3　今後に向けて

(1)　多様な主体との連携

　「OH!!鰐　元気隊」は、多くの支援者に支えられてきた。元気隊発起人有志が出資したことで、2009年2月にまちづくり会社「プロジェクトおおわに事業協同組合」の旗上げができ、同年6月からは「大鰐町地域交流センター鰐come」(ワニカム)の指定管理者となることができた。同センターは、町のランドマークとして、元気隊活動の拠点にもなっている。筆者は、本組織の副理事長（社長役）も兼務し、元気隊活動が同センターの大動脈となるように活用している。他にも、大鰐小学校はもちろん、大鰐町役場、青森県庁、鰐の会（鰐come業者協力会）、鰐come産直の会、大鰐町商工会、商工会青年部、まるごと大鰐商人の会、大鰐温泉観光協会、大鰐温泉物産協会、青森県物産振興協会など、多くの行政や団体に支えられてきた。今後も、多様な主体との連携を継続的かつ友好的に行っていくことが、活動の発展につながると考える。

大鰐町地域交流センター鰐come

⑵　成　果

　これらの活動が、各方面から認められるようになった。青森県からは「第一回あおもりコミュニティビジネス表彰」(2011 年)にて青森県知事賞を、国からは「地域づくり総務大臣表彰」(2012 年度)、「国土交通大臣賞」(2016 年度)を受賞した。2018 年度からは新たに、青森県の「『地域のお宝』を学び地域活動を担う高校生育成事業」を受託し、元気隊キッズ OB・OG（高校 1 年生）計 14 名が再度元気隊活動に参加し、「ふるさと教育」の復習をしつつ、地域活性化について学んでいる。このように町や県、そして国とも連携し、さらに活発な活動に進展しつつある。

⑶　今後の課題

　今後の課題は、加速化する少子高齢化による人口減少や地域経済の鈍化にいかに対応し、町を活性化していくかということに尽きる。幸い、「鰐 come」には海外からのインバウンド観光（訪日外国人旅行）や県内外からのリピーターが増えている。また、地域ブランド品である大鰐温泉もやしや大鰐高原りんごの販路開拓による売り上げ増により、大鰐町は活気を取り戻し、大鰐の子どもたちに夢や希望を与える好素材となっている。

相馬康穫　プロジェクトおおわに事業協同組合副理事長。家業はそうま屋米酒店（創業70 年、3 代目店主）。1999 年から、全国商工会青年部連合会副会長。

事例2 神奈川県川崎市の地域教育会議にみる 地域の教育力

1 娘との約束

　1990年代、まだ校内暴力が頻繁に起こっていた頃、地元の川崎市立臨港中学校も荒れていた。カンパ強要、逮捕事件が立て続けに起き、新聞にも大きく取り上げられた。娘たちは3人とも臨港中学校に行きたくないと言った。生来の正義感が強い筆者は、そういう状況に目をつぶるわけにはいかない。娘たちには皆が行く学校に行ってほしい、そこでこそ逞しく育ってほしかった。「何かあったら全力で応援する」と、娘たちに約束をした。

　その頃は受験競争の過熱化や知識偏重教育への傾斜、いじめや校内暴力の頻発、不登校の増加など、学校教育の危機的状況が全国で表出していた。川崎市では市内で起こった金属バット両親撲殺事件を契機に、全市を挙げて「騒然たる教育論議」を展開し、そこから地域の力を借りて子どもの成長を支援する仕組み「地域教育会議」が提案された。学校と地域が協働して子どもたちの心豊かな成長を支援しようという趣旨である。学校の応援団から教育実践の主体となることを期待されたのが地域教育会議であり、1997年には川崎市内の全51中学校区と全7行政区で展開された。

　それまでにも学校を良くしたいという思いは強かったが、「教育における住民自治」とまで謳ったこの地域教育会議と出会い、筆者の思いは一気に「地域の教育力」に向かった。娘との約束はこの地域教育会議での実践で果たそうと心に誓ったのである。

2 子どもたちの良い面を引き出す「地域教育会議」

　関係者の努力もあり、やがて中学校が普通に学校行事を行えるようになった。それでも公園での爆竹、隠れタバコなど、学校への苦情通報は絶えず、地域での中学生の評判は良いものではなかった。

　そこで筆者ら臨港中学校区地域教育会議は考え

> 地域教育会議の構成
> 一定数の推薦でなる住民委員と、非選出の委員（学校長、市民館館長、関係機関職員など）と、団体からの選出委員（PTA、青少年指導員、民生・児童委員など）で構成される。

16 | 第1部 現代社会と社会教育

た。取り締まりやバッシングでの不幸な出会いではなく、地域の人と何か良い出会いができる企画はないかと。中学生の活躍を地域の人に認めてもらえる場として最初に考えたのが、「みこし担ぎ」である。地域は、若者が来なくなったお祭りに中学生が来てくれたので、大歓迎をした。やんちゃな子も町の人に歓迎され、

よさこいソーランの様子

ご馳走してもらい、居場所を見つけて得意満面になっていった。

その後、盆踊りでも中学生の出番がないかと考えた。やることもなくたむろしていた中学生が、「よさこいソーラン」で躍動し、町の人から拍手喝采される地域の花となった。

さらに、「職業体験学習」も企画した。情報社会が飛躍的に進化し、デジタル情報は豊富だが、子どもたちが進路を考える上での実社会を感じ取る機会はほとんどない。「子どもは親の背中を見て育つ」と言われたが、今は親の背中が見えにくい。であれば地域が代わりにその背中を見せようと考えたのである。始めた年から、いきなり全校生徒の30％の参加があった。

これら3つの企画は、総称「夏休みの地域体験活動」として行われ、先生からの声掛けはあるものの、すべてが生徒の自主参加である。始めてみると、職業体験でも「今時の中学生、よく働くよ！」と評判になった。

最初の頃はドラマもあった。日頃は先生の手を煩わせていた子たちが、活動で知り合った人の新聞配達の仕事を手伝い始めたのである。その人からは、自らの子も彼らの様子を見て手伝うようになったことや、皆で勉強もし始めたことに感動し、「人生で最高の夏休みになった」との感想が寄せられた。

地域体験活動を始めてから4年目の卒業式では、3年生の別れの言葉に「地域は私たちにとって一つの大きな家です」という一節が出てきた。地域の気持ちを素直に受け止めてくれた中学生からの最高の謝辞であった。

地域教育会議では、中学校における荒れの繰り返しを心配し、子どもたちの良い面を引き出すことに力点を置いてきた。その結果、学校に頻繁に入っていた夏休みの公園での苦情（打ち上げ花火、大声をあげての深夜の徘徊、たばこ、飲食など）が、ピタリとなくなった。地域の人々による中学生の良い面を認めよ

うとする親しみのある企画が、子どもたちの情操面での落ち着きをもたらし、その結果、学校での教育環境も改善されたのである。

認められ、役に立ち、喜ばれたことが、子どもたちの自己肯定感を育み、様々な課題に前向きに取り組む力となる。これこそが地域の教育力ではないだろうか。現在の臨港中学校では、毎年多くの生徒が東北の被災地に赴き、ボランティア活動を続けている。

3　地域のつながりを豊かにする寺子屋

2014 年から川崎市では「地域の寺子屋事業」が始まった。臨港中学校区地域教育会議は、真っ先にこの事業を受託した。地域ぐるみで子どもたちの成長を支援するとともに、世代間交流で地域を活性化しようという趣旨が、地域教育会議の趣旨に一致するからである。

寺子屋は臨港中学校区の小学校にて、毎週 1 回の放課後の学習支援と、毎月 1 回の学校休業日に行う体験活動という 2 つの形で運営されている。

学習支援の寺子屋は目先の学力向上を目的としない。学校の補完授業でもなく、無料の学習塾でもない。地域の人が寺子屋先生となり、子どもの学習意欲に寄り添い、わからないことがあったら一緒に調べてみる。学校の先生とはアプローチが異なる。休憩時間にはコマ回しや、昔遊び、紙芝居などで楽しい交流をする。そこが居場所となり、豊かな感情も生まれている。

寺子屋の学習支援に携わる人は多彩である。元校長先生、企業などを退職したシニアの人、町内会の役員、幼児連れの母親、紙芝居が得意な人、将棋が得意な人、精神科医もいる。当初、「将棋しか教えません」「紙芝居しかできません」と言っていた人も、今は子どもたちの勉強に寄り添っている。

体験活動の寺子屋は地域の教育力の得意とする分野で、学校や家庭では経験できない社会教育の魅力的な面を発揮している。サイエンスに夢膨らむ JAXA（宇宙航空研究開発機構）のロケット教室、ブラインドサッカーでパラスポーツ体験、アート系体験のファッションショー、マナー教室、自然環境系の干潟探検など、実に様々な体験を通して子どもたちは幅広い生きる力を養う。数多く参加した子には、生きる力の認定証を発行している。

学ぶ力、遊ぶ力、観る力、感じる力、作る力など、生きる力は実に様々であり、多様な取り組みが子どもの豊かな感性を育み、自分の特性を発見することにもつながる。「ゲームと塾で子ども時代を終わらせない」という思いを持ち

18　第 1 部　現代社会と社会教育

ながら、様々な企画を行っている。

　ある子が筆者に「僕は学習塾には行きません。そのかわり寺子屋のようないろんな経験をしたいです」と言った。寺子屋に毎回のように参加したその子は、最初に「生きる力初段」の認定証をもらった。もう少しで2段（10回ごとに昇段）というところで卒業し、中学生になった現在は、ヒップホップに夢中である。地域の行事の際には、仲間とともにステージ発表を盛り上げてくれ、寺子屋で育った子が地域のつながりを豊かにしてくれている。

4　地域の教育力を引き出す地域教育コーディネーター

　娘たちと交わした約束を果たすために始めた教育実践であったが、20年あまり続けてみると、いつの間にか筆者のライフワークとなっていた。今思うことは、地域は「教育資源の宝庫」だったということである。そして、教育の根源は愛情だということを実感してきた。地域には愛情がたっぷりとある。

　ただし、掘り起こされ、つながり、形となってこそ、その力を発揮する資源である。それを掘り起こすのがコーディネーターの役割である。また、コーディネートをする際には、例えて言えば「オーケストラの指揮者」を目指している。個性ある子どもたちや寺子屋先生の特長を生かし、画一化するのでなく、異なる楽器の音色が豊かなハーモニーとなるように心がけている。

　地域教育会議と寺子屋事業に関わってきた筆者からの提案は、地域の教育力を持続的に引き出す仕組みづくりである。とりわけそのキーパーソンとなる地域教育コーディネーターを世に輩出するための社会教育学と教育行政の役割に大きな期待を抱いている。

宮越隆夫　臨港中学校区地域教育会議事務局長（1998年4月～）。社会教育への関わりは1991年に小学校PTA会長になったことから始まり、2014年10月から臨港中学校区地域の寺子屋コーディネーター。

第2章 社会教育の役割の展開

本章では、社会教育の役割がいかに変遷してきたのか概観した上で、今後の社会教育に期待される地域学校協働活動について考察する。また、社会教育主事養成カリキュラムの見直しを踏まえ、社会教育関係職員の役割について考察する。

キーワード 地域づくり、地域学校協働活動、学習する組織、社会教育士

1 地域づくりを支える社会教育

第1章で見てきたように、課題が山積する地域社会では地域づくりマネジメントが不可欠になってきており、行政内外の多様な主体が参画する地域課題の解決や地域づくりが目指されている。地域づくりと社会教育の関係を考察するため、改めて戦後の社会教育の変遷を概観してみよう。

(1) 地域住民の主体性を育み支える社会教育[1]

社会教育は教育基本法（1947年）や社会教育法（1949年）などにより、教育政策上、明確に位置づけられており、戦中の統制的・教化的指導色が濃い教育の在り方が見直された。

戦後の社会教育では、民主主義の主体を育む自己教育・相互教育を基本とし、公民館では青年学級や婦人学級などが開設され、少人数の共同学習により生活課題の改善が目指された。また、公民館での学習や交流から青年団や地域婦人会などが発足し、地域をよりよくする担い手となっていった。つまり公民館では、生活課題やその背景にある地域課題を地域住民が主体的に解決するための学習や活動につながる交流を支援してきたのである。

1960年代になると、国民所得倍増計画などの経済成長主義が加速化し、日本は実質経済成長率が年平均10%を超える高度経済成長期となった。農業用地・用水が工業用に急速に転換されたことによる農村の過疎化、また、石

20 | 第1部 現代社会と社会教育

炭から石油へとエネルギー政策が転換し、石油化学コンビナートが大型化・集中化したことによる公害が深刻化した。そして、急激な地域開発や公害から地域社会を守るため、学習に基づく住民運動が興った。静岡県の三島市・沼津市・清水町の2市1町で行われた石油化学コンビナート建設反対運動や、農業生産技術の向上や農村社会の自立的発展を目指す信濃生産大学などの農民大学運動などである。

　その後、住民運動は減少し、1990年代以降は公共的・社会的価値の実現を目指す市民活動（NPO活動を含む）が台頭し、行政や企業などと協働するパートナーシップ活動へと展開した。また、相互主体的な学習の組織化やネットワーク、教育・福祉・労働などの分業化により分断された知を紡ぐ学び合い、持続可能な社会を目指す協働の重要性などが唱えられるようになった。

　つまり、地域づくりに地域住民の主体的な参加が不可欠となり、社会の変化に伴い参加の仕方が変遷してきたのである。高度経済成長期の政府や企業の経済成長主義による急激な開発より地域社会を守るための抵抗運動から、政府や企業をも含む多様な主体とよりよい社会をつくるための連携・協働への転換である。また現代では、第1章で見てきたように、行政のみならず市民・企業・NPOなどのマルチステークホルダーが公共的価値の実現のために協働するMSPという考え方が推進されている。

(2) 地域づくりへの参加の段階

　地域をよりよくしたいと考える人々の学習や活動が地域づくりにつながることから、政策的にも捉えられるようになったのである。そして、人々の主体的な学びである生涯学習と地域づくりという公共的価値の実現との関係に一定の方向性を示したのが、生涯学習審議会答申「学習の成果を幅広く生かす―生涯学習の成果を生かすための方策について」（1999年）である。同答申では、生涯学習の成果を、個人のキャリア開発・ボランティア活動・地域社会の発展へと活用することが提言され、それ以来、「学習成果の活用」が社会教育の評価として問われるようになった。

　また、自治基本条例などで住民参加や協働が規定されるようになったが、地域づくりの主体が自然発生することは考え難いので、社会教育が地域づく

表 2-1　地域づくりの主体化の段階

参加形態	非参加	形式的参加	積極的参加	参画
地域づくりへの参加	地域づくりへの興味・関心は示さず、面白いイベントなら、客として参加することもある。	輪番制の地域の役員などは、責任感から仕方なく務める。	団体活動や審議会の市民委員などで、政策にも関わり、意見を述べる。	団体・NPO などを組織し、地域課題の解決に積極的に取り組む。
			陳情・請願・住民訴訟・監査請求　など	
必要な学習支援（講座例）	参加型学習の経験支援		法律や自治体の制度や政策の現状についての学び（行政組織、総合計画、など）	組織運営・財源確保、政策形成・提案についての学び（クラウドファンディング、企画力、など）
	趣味や教養でつながる楽しさの学び（俳句を学ぶ、園芸、健康ウォーク）	地域の良さや課題を知る学び（まち探検、史跡巡り、通学路点検など）		
住民参加の梯子 A Ladder of Citizen Participation	住民主導 citizen control：住民自治⑧　｝権利として参加 権限移譲 delegated power：住民に決定権がある⑦ パートナーシップ partnership：決定が共有される⑥ ⑤懐柔 placation：形式的な参加機会の拡大 形式的参加 ｛④意見聴取 consultation：アンケートやワークショップ ③情報提供 information：市政だよりなどで情報提供 ②不満を逸らす therapy：住民のガス抜きのような意見交換会　｝民意無視 ①世論操作 manipulation：決定事項に誘導的、住民参加の形だけ			

Arnstein, S.R.(1969) A Ladder of Citizen Participation *Journal of the American Planning Association*, 35(4), 216-224 などを参考に作成

りの点で捉え直された。**表 2-1** は、地域づくりへの参加の段階ごとに必要な支援と米国の社会学者のシェリー・アーンスタイン（Arnstein, S.R.）の「市民参加の梯子」[2] を合わせたものである。主体的に地域づくりに参画するようになるためには、多くの人にとって段階があるということである。

　一方で社会教育には、地域への関心を引き出すきっかけ、地域づくりの担い手を育む学びや活動、グループ化・組織化する営み、学びや活動を継続・発表する場、人々の学びを支える学習支援者の存在がある。地域づくりの担い手がいかに育つのか、第 3 部に詳述されているので、本章では地域づくりに興味・関心を示さない人々のきっかけづくりについて述べる。

　公民館などでは、地域づくりには特に関心を示さずに、手芸や囲碁などの趣味、源氏物語を読む教養講座などを楽しむ人も少なくない。カルチャーセンターなどの民間教育事業が普及してきた現在では、趣味・教養に関する講

座を公的社会教育で行うことを疑問視する意見もある。しかしながら、より豊かな人生を送るためのみならず、社会教育のすそ野を広げるため、また、学びのつながりが地域づくりにも資することを踏まえれば、趣味・教養に関する講座は重要な役割を果たしていることが見えてくる。

　例えば、地域づくりに関心を示さない人でも、健康には関心があるかもしれない。「健康ウォーク講座」で地域の名所旧跡などを訪れると、次は、地域の良さや課題を知る「まち探検」や「史跡巡り」の講座への参加につながることがある。人と関わることや、つながること自体の楽しさを実感しながら会話をする中で、「私の問題」だと思っていたことが「私たちの地域課題」であることに気づき、地域づくりや地域課題に関心を持ち、解決する主体にもなり得るのである。

　つまり、学びへの参加のきっかけづくりは社会教育行政担当部局の重要な役割の1つである（**表2-2**）。多くの人あるいはターゲットとなる人に届く広報や、次へとつながる仕掛けの工夫をして、積極的に行う必要がある。

　また、学習や地域づくりの主体者への道のりは、入り口は広く、出口も源氏物語を読むことや市政参画というように、幅広く捉えることが社会教育経

表2-2　学びや活動への主体的な参画のきっかけづくり

1. 楽しさをベースとした学びや活動を組織する。また、SNS等も用いて活動の様子を継続的に発信することで、更なる参加者を呼びこむ工夫を行う。
2. 子育て・子供の教育、防災、健康づくり、ICT利活用といった、「地域の魅力化」「より良い地域づくり」につながる身近で前向きに取り組みやすいテーマを設定する。
3. 親子参加型のイベント等、子供をきっかけとして子育て世代が参加しやすい活動を工夫する。
4. 地域学校協働活動や地域の行事等への参加を通じて、幼少期から子供の地域への理解と愛着を育む取組等を促進する。
5. まちづくりの議論の際に子供から大人まで幅広い世代による熟議を行う。その際、意思決定の過程や具体的な行動への子供の参画を促し、地域と持続的に関わる動機付けとなり得る成功体験の獲得を支援する。
6. 若者の声やニーズを、若者自身が実際に具現化、実装化することにより、若者の自己有用感を増し、若者たちの参加を引き出す工夫を行う。
7. 地方公共団体と地元の大学、専門学校等の連携事業等により、学生の地域活動への参加を促進し、学生と地域社会を結び付ける。
8. 地元の企業と連携し、社員のワークライフバランスの確保や、企業の地域貢献等の観点から社会教育活動への参加の奨励を働きかける。

中央教育審議会答申「人口減少時代の新しい地域づくりに向けた社会教育の振興方策について」2018年、pp. 9-10より作成

営に不可欠な視点である。地域における人々の孤立化や孤独死が指摘される今、人と人との出会いや学び合いにつながる趣味・教養事業の可能性に着目することが求められるだろう。

2　社会教育の真価が問われる地域学校協働活動

　地域づくりにつながる仕組みとして、2015年末に取りまとめられた中央教育審議会答申「新しい時代の教育や地方創生の実現に向けた学校と地域の連携・協働の在り方と今後の推進方策について」（**資料4**）で示されたのが「地域学校協働活動」である。その後、2017年に社会教育法（第5条の2等）や、地方教育行政の組織及び運営に関する法律（第47条の6）が改正され、地域学校協働活動の推進が教育委員会の努力義務になった。

(1)　地域と学校が連携・協働する地域学校協働活動

　地域学校協働活動とは、第6章で詳述されているように、地域の高齢者、保護者、NPO、民間企業などから幅広い参画を得て、地域全体で子どもの成長を支えるとともに、学校を核とした地域づくりを目指すものである[3]。地域と学校が連携・協働することによる、子ども・学校、地域のそれぞれへの波及効果が意図されており、その背景には、主に次の課題がある[4]。

- 学びの在り方が社会との関係で捉えられるようになった。
- 地域における次世代育成や、そのリーダー育成が急務となった。
- 地域力が衰退してきたので、コミュニティの形成が必要になってきた。
- 地域創生、人口減少などの対応が政策課題となってきた。
- 学校の課題解決が急務となってきた。

　これらの課題を踏まえ、前述の2015年の答申では「地域とともにある学校への転換」「子供も大人も学び合い育ち合う教育体制の構築」「学校を核とした地域づくりの推進」が、これからの学校と地域の目指すべき連携・協働の姿として提言された（**資料4**）。

地域学校協働活動には、学校を核とした新たなつながりによる地域の教育力の向上・充実や、地域課題の解決や地域振興などに向けた連携・協働、さらには「生涯学習社会」の構築にも資することが期待され「地域全体で未来を担う子供たちの成長を支える仕組み」（**資料5**）が示された。

　ここで、社会教育に携わっている人は、いろいろと疑問に思うのではないだろうか。その代表的な疑問が、次の2つと考えられる。

- 誰がこのコーディネートをするのか。（担い手）
  コーディネーターがいなければ、**資料5**に示された「緩やかなネットワーク」にはならず、多様な主体が存在するだけである。
  また、地域の人々が学校教育や子どもの地域学習を支援し、取って付けたように行われる伝承活動に子どもが参加するだけでは、本来の地域学校協働活動や地域づくりにはならない。
- 社会教育が学校支援になるのか。（社会教育の意義）
  主体的な学びを促進する社会教育が、「学校のため」や「子どものため」のみになるのか。既存の活動はどうなるのか。

(2) 学び合う場の創出

　そこで示されたのが、学校に「学校運営協議会」を、地域に「地域学校協働活動推進員」を置く地域学校協働活動のシステムである（**図2-1**、**資料6**）。

　教員の働き方改革が喫緊の課題となっている中、地域との連携により教員の負担を減らしつつ特色ある教育を展開している学校もあれば、地域との連携で仕事が増えるのではないかと危惧する向きもある。地域においても、つながりや支え合いが希薄化し、子どもとともに学び合う活動の場の創出や運営に関わる人が減っている一方で、地域の教育力を発揮している所もあり（**事例2**）、地域差がある。

　教育委員会・学校・地域の関係団体や人々というマルチステークホルダーが全体最適となる協働をするためには、「学習する会議」（**表1-1**）が必要であり、そこに社会教育の真価が問われる。地域学校協働活動への取り組みを、単なる学校支援や地域学習のイベントで終わらせないためには、社会教育研

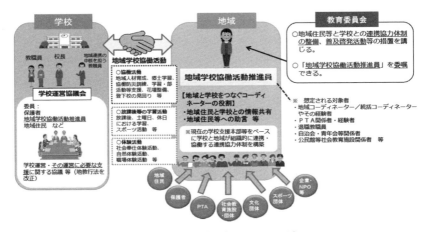

図 2-1　地域学校協働活動のイメージ
文部科学省『地域学校協働活動の推進に向けたガイドライン』p.5、(資料6)

究で蓄積されてきた成人学習論・省察的実践論・組織学習論などの観点から、参加する大人にとっても学び合えるコミュニティを創出する必要がある[5]。

　具体的な方法を、マルチステークホルダー・プロセス（第1章）の礎と考えられるセンゲの「学習する組織」（**資料2**）に基づいて示すと、**図2-2**のとおりである。

　学び合いを促すためには、個人や組織の活動の原動力となる志を育むこと、社会的課題の複雑性や自分とのつながりを捉えること、多様性から学び合い内省を促すコミュニケーションを展開させることである。吹き出しで示したような根本的なことから腹蔵なく話し合わなければ、関係者に「やらされ感」が募るばかりで、主体的な参加は得られないであろう。また、地域学校協働活動が始まった場合にも、地域と学校がパートナーとして連携・協働するためには、次の3点から常に確認し続ける「学習する会議」を継続すると、そのつながりが、地域や学校をよりよくすることに結びつくのではないか。

- 地域住民側に「学び」（社会教育）の要素があるか。
- 学校の「教育課程」と関連付けられているか。
- 学校と地域が対等な関係性になっているか。

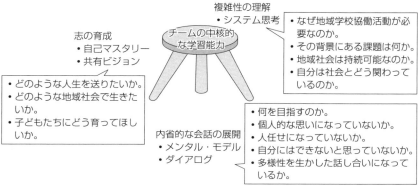

図 2-2「チームのコアとなる学習力」
ピーター・センゲ『学習する組織』英治出版、2011 年、p. 23 に基づき作成

3　社会教育の本質を捉えた展開

(1) 社会教育主事養成課程の見直し

　「はじめに」に書かれているように、本書は「社会教育経営論」のテキストとして編集されている。社会教育主事養成カリキュラムが再編されたからである。

　中央教育審議会答申「人口減少時代の新しい地域づくりに向けた社会教育の振興方策について」(2018 年)では、社会教育を社会教育行政担当部局で完結させずに、幅広く連携・協働する「ネットワーク型行政の実質化」をすることを求めている。2020 年からは、新しい社会教育主事養成カリキュラムの修了者が首長部局・企業・NPO・学校などでも「社会教育士」を称することができるようになるので[6]、社会教育主事が行政内外の社会教育士と連携・協働するコーディネーターとなることが期待されている。

　また同答申では、「参加者がその事業に注目するのみならず、参加意識を持って持続的に関わるきっかけとなる可能性があり有効な手法」を用いることが推奨されており、そのための学修も求められている。インターネットで不特定多数の人々から資金を調達する「クラウドファンディング」、利払い金の半額を社会貢献に使う「CSR 社債」、成果に応じて行政が資金提供者に

資金を償還する「SIB（Social Impact Bond）」などの資金調達手法の活用であり、そのための広報戦略の知見も培うことが期待されている。

(2) インキュベーターとしての社会教育

　一方で、社会教育で行ってきたことを改めて捉え直してみると、社会の要請により外在的に学習内容を措定するよりも、生活の中での課題や疑問から生ずる学習を尊重してきた。民主主義の主体を育む自己教育・相互教育を基本とし、学び合いに基づく知の生成や活用、生活課題やその背景にある地域課題を地域住民が主体的に解決するための学習を支援してきた。

　また、男女共同参画・環境教育・人権教育などは社会教育から興り、各行政部門へと展開したのであり、社会教育にはインキュベーション機能がある。学習者を組織化・グループ化することにより、孤立や孤独を防ぎ、地域の課題を解決しやすくしてきたのであり、その結果、成り行き任せではなく、時代をつくり、社会をよりよく変えていくような主体性が育まれたのである。

　社会教育が大事にしてきたことを踏まえると、人づくりや地域づくりに中核的な役割を担うことが求められているから、また、地域学校協働活動を推進しなければならないからなどという「社会の要請」により社会教育を推進するよりも大切なことがある。それは、社会教育の機能が発揮される地域課題に目を向けることであり、具体的には以下のような課題である。

- 子どもも大人も学び合える地域を創出すること。
- マルチステークホルダーが知恵を出し合える場を創出すること。
- 労働の分業化により分断された知を学習の組織化で紡ぐこと。
- 伝統的な学校状況に規定された学習を捉え返す学びを促すこと。
- 相互主体的で持続可能な協働システムを構築すること。

　このようなことを実現する場の1つとして地域学校協働活動があると捉え、主体的に地域課題を解決することに、社会教育の存在意義が見いだされる。
　特に地域学校協働活動では、社会の要請として目先の対応をするのではなく、そもそも何のために地域学校協働活動をするのかという根本から（**図**

2-2)、それぞれの立場を尊重した「学習する会議」をし、地域社会や地域コミュニティを自分たちの共同性で再構築するための協働システムを創出しようとしなければ、システムとして機能しないであろう。それぞれのアイデンティティを捉え直すことや地域社会そのものを再構築するために、社会教育関係職員が活躍することを期待したい。

注

1）田中雅文「地域づくりと学習」日本教育社会学会編『教育社会学事典』丸善出版、2018年、pp. 512-513を参考に記述。
2）Arnstein, S. R.（1969）A Ladder of Citizen Participation, *Journal of the American Planning Association*, 35(4), pp. 216-224.
3）文部科学省『地域学校協働活動の推進に向けたガイドライン』p. 3。
4）廣瀬隆人「学校を核とした地域づくり」（pp. 32-37）、市町村アカデミー『アカデミア』Vol. 122、2017年、p. 32。
5）中村香「成人の学習を組織化する省察的実践：学習する組織論に基づく一考察」日本教育学会『教育学研究』78巻2号、pp. 26-37。
6）2019年度までの旧課程による社会教育主事有資格者は、特定の科目を履修することが条件となっている。

確認問題

(1) 社会教育は、地域づくりにいかに関わってきたのか、説明しなさい。
(2) 地域学校協働活動とは何か。また、その推進の際に大事な視点は何か述べなさい。
(3) 社会教育として大事にしなければならないことは何か、説明しなさい。

より深く学習するための参考文献や資料

• ピーター・センゲ他『学習する学校』（リヒテルズ直子訳）、英治出版、2014年（「学習する組織」の考え方に基づき、社会関係網の中で教育の再統合をする意義とプロセスを説いている）。

事例3　栃木県における地域連携教員制度

1　事例の目的

　栃木県は、地域とともにある学校づくりを目指し、2014年度にすべての公立学校に「地域連携教員」を設置した。この施策は、「栃木県教育振興基本計画2020 ―教育ビジョンとちぎ―」（2016年2月策定）に位置づけられ、各学校と地域の実態に応じた取り組みが進められている。学校と地域の連携について県全体として組織的に取り組む事例を通して、その成果と展望について述べる。

2　地域連携教員制度の概要

⑴　地域連携教員設置の背景

　栃木県では、子どもの生きる力を育成するためには学校と地域が連携した教育活動の推進が必要不可欠であるとの認識から、学校支援ボランティア活動や幅広い年代の人々との交流・体験・学習活動である「ふれあい学習」の推進を核として、家庭と地域の教育力の向上を目指してきた。また、長年にわたり公立学校教員に社会教育主事任用資格を取得させる事業を計画的に進めており、各学校において社会教育主事の資格を有する教員のより効果的な活動について検討を進めていた。そこで、学校と地域の連携・協働の機運が一層高まる中、原則として社会教育主事の資格を有する教員を「地域連携教員」として各学校に1名ずつ設置することとした。県教育委員会として「地域連携教員の設置に関する指針」を定め、すべての公立学校において校長が地域連携教員を指名し、校務分掌に位置づけた（2018年592校）。

⑵　地域連携教員制度が目指す連携体制

　地域連携教員を校務分掌に位置づけることにより地域連携に係る校内の窓口を明確にするとともに、主な職務内容を明示し各学校に応じたチーム体制で取り組むことで、組織的・効果的・効率的な連携体制を推進した。

【地域連携教員の主な職務】
　①総合調整（全体計画の作成・見直し、校内研修の企画・運営など）

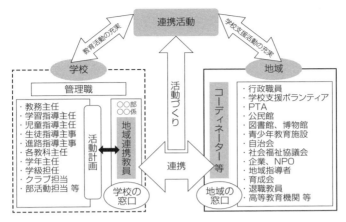

連携活動イメージ図

栃木県教育委員会「地域連携教員のための手引き書『学校と地域を結ぶ』」2017年、p.9

　②連絡調整や情報収集・発信（活動の連絡調整や情報収集・発信など）
　③取り組みの充実（活動実践や他教員への支援、計画や活動の評価など）

(3) 地域連携活動の視点や捉え方

　地域連携活動を効果的に実施していくために以下の4つの視点を示すとともに、発達の段階に応じた目標や活動内容を提起し、各校の取り組みを推進した。

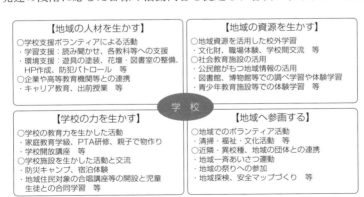

地域連携活動のための4つの視点

栃木県教育委員会「地域連携教員のための手引き書『学校と地域を結ぶ』」2017年、p.5

3　地域連携教員の活動事例

⑴　栃木県立足利中央特別支援学校——公民館との連携

　足利中央特別支援学校では、教育目標である「児童生徒一人一人の教育的ニーズに応じた適切な教育を行うことにより、その能力や可能性を最大限に伸ばし、地域社会の中で主体的に生きる力を育成する」ことを達成するため、重点目標に「地域と連携した学校づくりの推進」を掲げている。さらに、学校の周辺地域に対して特別支援教育の理解を促進していくことも喫緊の課題であった。そこで地域連携教員を核として、より充実した地域との連携活動に取り組むこととなった。

○小学部における公民館の自然体験学習への参加

　公民館も主催者側も障害のある児童の受け入れは初めてであり、丁寧に児童の実態を伝え理解を求めた。活動では児童自身が楽しく参加することができたとともに、他の参加者や保護者には障害や学校の存在を理解してもらうよい機会になった。

○高等部における地元の専門家を招いての天体観測

　公民館の文化祭で知遇を得た専門家による天体観測を行った。事前に理科の授業で基本的な内容を学習した後、高等部の宿泊学習に合わせて実施した。

○高等部における市老人福祉センターでの喫茶サービス

　一般就労を目指す生徒を対象に、毎年、近隣ホテルから講師を招き接客についての実習を行っているが、さらに働く意義やコミュニケーション能力の育成を目指し、老人福祉センターの協力を得て喫茶コーナーで接客の実践を行った。生徒は、利用者から感謝や励ましの言葉をもらい大きな自信を持つことができた。同時に利用者や地域住民にとって、特別支援学校の教育や学校の存在を理解する機会となり、障害のある生徒への理解促進につながった。

⑵　まとめ

　地元の公民館と協力して事業を進めることで、公民館の持つ機能をよりよく理解することができた。地域の情報が集約される公民館とつながることによって事業の可能性が広がるとともに、特別支援学校の存在や役割を地域に理解してもらう一助となり、学校教育活動の充実と発展を促すことができた。

4　地域連携教員の設置による成果と展望

(1)　成　果

　栃木県総合教育センターが県内の公立学校の校長及び教頭を対象に実施した
アンケート調査「地域連携が学校経営に与える効果に関する調査研究」（2015
年）によると、地域連携活動を通して児童生徒や教職員、学校、地域にとって
様々な教育的効果がみられた。

　児童生徒に関する効果としては、「しっかりとした挨拶ができる児童生徒が
増えた」が69.9％、「地域活動に参加する児童生徒が増えた」が56.3％であり、
地域への関心や社会性の向上がみられた。また、教職員や学校全体に関する効
果としては、「地域素材を生かした幅広い教育活動を展開する教職員が増えた」
が61.5％、「地域の住民や団体からの協力が得られやすくなった」が88.2％、
「学校から地域への情報発信が増えた」が74.4％、「学校行事に協力的な保護者
の数が増えた」が70.9％となるなど、積極的に地域と関わっていくことで教職
員や学校教育への理解や信頼が深まり、学校の教育活動全体の充実につながっ
ている。地域に関する効果としても、「児童生徒や学校に対する理解が深まり、
学校に協力的な人が増えた」が89.3％、「地域の子どもたちを地域全体で育て
ていこうとする意識が広がった」が66.4％であり、地域の子どもは地域全体で
育てていこうとする意識が高まっている。

　以上の結果から、地域連携活動を通して学校と地域の双方への教育的効果が
認められるとともに、改めてそれぞれの教育責任を分かち合う意識の高揚がみ
られ、新たな連携・協働体制を構築していく機会となっている。

(2)　今後の展望

　栃木県としては、今後も地域連携に係る校内体制の整備や地域におけるコー
ディネーターの資質・能力の向上など、学校と地域の視点からの取り組みを通
して地域連携教員制度の充実を図るとともに、教育目標の実現に向けてともに
力を発揮できる学校づくり、地域づくりの総合的な推進に努めていく。

平野紀子　栃木県教育委員会事務局生涯学習課主幹（企画調整担当）（2018年4月〜）。
2014年に生涯学習課生涯学習振興担当として、同年に設置された地域連携教員の活動支
援事業を担当。前公立小学校長。

事例4 持続可能で包容的な社会づくりを目指す 岡山市のESD

1 自治体政策として推進するESD

　岡山市はESD（持続可能な開発のための教育）を自治体政策として推進しており、公民館を地域でのESD推進拠点として位置づけ、多様な団体、組織のネットワークづくりを図りながらESDの活性化を図ってきた。その成果は国際的にも評価され、ユネスコ／日本ESD賞（2016年）やユネスコ学習都市賞（2017年）を受賞している。ESDはユネスコスクールなどの学校教育やNPOなどの市民団体、企業などでも展開されているが、ここでは、公民館を拠点とするESD実践を紹介し、ESDが社会教育の発展を促し、持続可能で包容的な地域づくりやその担い手が育つ可能性を大きく広げる力になることを確かめる。

2 実践内容とその工夫

⑴ 公民館を拠点に多様な人や組織をつなぐ

　岡山市では中学校区に1館ずつ、37館の公民館が設置され、各館に社会教育主事や、そのほとんどが社会教育主事資格を持つ嘱託の公民館主事が配置されている。公民館を拠点とした多様なESD実践は2003年頃から始まり、2014年にESDに関するユネスコ世界会議の一環として開催した「ESD推進のための公民館―CLC国際会議」へ向けて作成された、岡山市公民館ESD実践集「れんめんめん」にまとめられている。その後の実践の発展の中で、世代間や多様な立場や文化を持つ人、学校を含む組織をつないだ取り組みの中でこそ、ESDが効果を上げ、持続可能で包容的な地域社会づくりを担う人が育つことに貢献することが確かめられてきた。

　最も典型的な事例は、岡山市立京山公民館を拠点に展開されている「京山地区ESD推進協議会（以下、ESD推進協議会）」をベースにした実践だ。京山公民館は2003年に「子どもの水辺点検プロジェクト」を始めた。小中学生を中心に、子どもから大人までが一緒になって地域の用水や上流部の県北地域の川の生き物や水質、大気などの調査を行った結果を共有し、水辺の環境保全に取り組むものだ。この取り組みの中で子どもと大人で話し合い、これからどうするかも

京山地区 ESD 推進協議会の組織図
京山地区 ESD 推進協議会のリーフレットより抜粋

話し合ったのだが、地域で改善に取り組む契機をつくり、地域の絆を再構築する機運を高めることにもつながった。

こうした取り組みから 2004 年に「京山 KEEP（京山地区 ESD 環境プロジェクト）」がスタートする。2005 年から実行委員会方式で ESD のフェスティバルが取り組まれている。この実行委員会が 2006 年に ESD 推進協議会へと発展するが、京山公民館の運営協議会がその母体となった。

(2) **学校など多様なステークホルダーとの連携**

未来の担い手である子どもを中心に活動を広げ、ESD 推進協議会に学校が位置づいていることも発展の要素と考えられる。公民館の ESD への取り組みに京山中学校の科学部が参加し、小学生が参加する取り組みにはエリアの伊島、津島小学校の担当教員も参加することで、学校との連携の実績を積み上げてきた。ESD フェスティバルではエリアの小学校、中学校、高校での ESD への取り組みを子どもたちが発表する場も設けられ、地域の大人たちから質問やコメントをもらい、褒められたりする場になっている。近年、学校と社会教育の連携が特に強調されているが、より大切なのは、地域で活躍する多様なステークホルダーとの連携であり、そこに学校もつないでいくことだ。京山地区での取

り組みは、そのことを示してくれている。以下、その事例を簡単に紹介する。

①子どもたちを中心に地域の古老を含めた住民との話し合いから地域を見直し、地域の歴史や未来へ残す財産を確かめて、京山いいとこマップを作成。

②公民館の IT ボランティアを母体に「ムービー京山」という組織が誕生し、ESD 映画を制作。「The Story of Kyoyama（京山物語 http://www.kc-d.net/pages/esd/movie07.html）」と「地域を育んだ用水」ができあがったが、この過程で地域の「水神祭」が復活。

③若者たちによる「劇団公民館☆京山」が生まれ、ESD ミュージカル「かわのこい」シリーズを制作。ESD フェスティバルなどで上演し、ESD の普及啓発に貢献。

④「フレンドリー京山」という多文化共生プロジェクトが活動を展開。京山地域に住む外国人と交流しながら、子育て中の外国人をサポートし、外国語での地域の医療機関マップを発行。ワールドカフェなどの交流の場を ESD フェスティバルで実施。

⑤「地域の絆プロジェクト」を立ち上げ、話し合いの中から課題を設定し、誰もが安心して暮らせる住みよいまちづくりを目指した取り組みを推進。「地域の絆だより」も発行。外国人留学生の声から自転車の安全問題に取り組み、「やさしく走ろう京山」運動を展開。独自の自転車用啓発プレートの製作・配布や、街頭での交通マナーの指導啓発活動も実施。

⑶ ESD を生かした地域づくり

　京山地区の取り組みで特筆されることは、住民がワークショップによって地域の問題を整理して目指す地域の未来像を描き、その実現のための課題を整理し、目標を立てて計画的に進めていることである。毎年の ESD 推進協議会の総会で取り組みを評価し、その結果を元に次年度の計画を立てる。その内容は「京山地区 ESD／SDGs の取組『総括シート』」に表形式でまとめられ、共有されている。

　2018-2019 年版の総括シートの「地域づくり」の項目では、目指す地域像が次の５つに整理されている。

①子どもも大人も共に学び合い、社会的課題に協働して取り組む地域

②地域の絆を強め、伝統文化を伝承し、人と自然が共生する地域

③言葉や文化の壁を越えて、同じ地域に住む外国人と共生する地域

④障害者や高齢者も誰もが安心して暮らせる、安全で安心な住みよい地域

⑤学んだことを活かせる場をつくることで、学びから持続発展し続ける地域

中学生たちが「市長と語る会」で提案し、地域住民と岡山大学、行政などの協力でESDによる市民提案協働事業として地域の用水と道路を一体的に整備し、地域主体で管理・運営、活用を行う「緑と水の道」を実現したことも特筆される。この取り組みはESDによる「持続可能な開発」の具体例として、岡山市の「景観まちづくり賞」、国土交通省の「手づくり郷土賞」を受賞した。

3　成果と課題

(1)　ESDの観点を生かすことでのまちづくりの発展

ESD推進協議会を立ち上げ、公民館がその事務局を担い、地域全体でESDに取り組む体制を整えていることが地域にESDを根づかせ、ESDを生かした持続可能で包容的なまちづくりを可能にしている。ESDフェスティバルという誰もが気軽に参加でき、子どもから高齢者、外国人、関係機関までが一堂に会して学び合う独自の場を継続していることも注目される。岡山市では公民事業の柱にESDを据え、全館でESDに取り組んでいることの意義も大きい。

(2)　ESDを通した連携の発展

地域のステークホルダーとの連携の発展がこれまで述べた中に示されているが、ESDを学校でも公民館でも地域でも行っているという、共通項を持ってつながっていることがポイントである。目的を共有することなしに真の連携はあり得ないことを示しているとも言えよう。

(3)　全市的な展開が課題

岡山市の教育振興基本計画などには「岡山市に暮らす人々が、ESDの視点での学びを通して、持続可能な社会の担い手として成長していくことを目指します」と書かれている。その具体的な実践例を紹介してきたが、このような質のESD実践を全市域に広げていくことが課題と言える。

内田光俊　岡山市教育委員会事務局生涯学習課公民館振興室。1979年から社会教育を担当。2001年から中央公民館で公民館の指導（ESDを含む）を9年間担当し、ESD世界会議推進局などを経て、2018年4月から現職。

第1部のおわりに

　第1部の4つの事例は、本文中でも考察してきたが、第1部を終えるにあたり、改めて概観してみると、次のとおりである。

　大鰐町のふるさと再生（**事例1**）では、「OH!! 鰐　元気隊」という地域おこしグループの活動により、子どもたちを育むことで大人の意識変容を促すとともに、地域のニューリーダーを誕生させている。

　川崎市の地域教育会議（**事例2**）では、子どもたちのよい面を引き出すことで、子どもたちの自己肯定感や課題に取り組む力を育むとともに、地域のつながりや地域の教育力を引き出している。

　栃木県の地域連携教員制度（**事例3**）では、地域の人材を生かす・地域の資源を生かす・学校の力を生かす・地域へ参画するという4つの視点で推進され、学校と地域の双方に教育効果と教育責任を分かち合う意識を育んでいる。

　岡山市のESD（**事例4**）では、公民館を拠点に多様なステークホルダーとの連携をすることで、ESDを生かした地域づくりをし、持続可能で包容的なまちを醸成している。

　どの事例においても、コーディネートをする人がいる。2020年度より、社会教育を学んだ人が教育委員会以外でも学んだ成果を生かすために「社会教育士」を称することができるようになる。他者や地域社会への理解、また、地域社会から国際社会を展望する視野を持ち、公共的価値の共創に努める社会教育士が教育関係のみならず、首長部局・企業などの多様な領域・組織で位置づき、ネットワークできると、地域社会が変わるのではないか。

　第1章で見てきたように、地域社会には課題が山積している。持続可能な発展を目指すためには、マルチステークホルダーが協働する地域づくりマネジメントが必要である。また、第2章で見てきたように、社会教育が地域づくりを支えてきたことを踏まえると、成り行き任せの応急処置的な展開ではなく、社会教育が大事にしてきた本質を忘れることなく、地域社会や教育をよりよくする展望を持った取り組みが展開されることを期待したい。

第2部　社会教育行政の経営

　第2部は地域社会において公・民により展開されている社会教育を活性化するために行政が果たすべき役割について、経営の観点から考察を行うものである。
　第1部で述べたとおり、グローバル化、ICT化、少子高齢化、地域コミュニティの変化など、私たちを取り巻く社会は変化し続けており、その変化に対応すべく、個々人の様々な学習を可能とするあらゆる教育の振興は喫緊の課題である。家庭教育、学校教育以外の教育の営みとしての社会教育への期待は大きい。
　第3章では、社会教育行政の仕組みについて、社会教育行政の役割、社会教育計画、学習課題の把握、広報などを中心に理解を深める。
　第4章では、社会教育を活性化するため、社会教育の環境を醸成するために、公民館、図書館、博物館などの社会教育施設をいかに経営するか、経営戦略の視点、社会教育施設の館長のリーダーシップ、新しい経営手法の取り入れ、ネットワークの視点などを中心に考察する。

公民館における研修会の様子

第3章 社会教育行政の仕組み

本章では、社会教育の振興において重要な役割が期待されている社会教育行政の仕組みについて取り上げる。社会教育行政の役割、社会教育計画の策定及び社会教育計画の評価、その方法、学習課題とその把握方法、社会教育行政の広報活動について検討する。

キーワード 社会教育行政、社会教育計画、PDCA、学習課題、広報

1 社会教育行政の役割

(1) 社会教育行政の基本理念

　一般に、社会教育は家庭教育、学校教育を除き広く社会において営まれる教育である。この社会教育が円滑に行われるよう、その環境を整えるのが社会教育行政の役割である。行政は、「行政活動は法律に則り行う」「行政活動は法律の根拠が必要である」とする「法律による行政」の原理に従って運営することが求められ、社会教育に関わる行政の任務は教育基本法（**資料7**）、社会教育法（**資料8**）などの法律によって規定されている。

　なお、社会教育に関わる行政は、教育の政治的中立性と継続性・安定性を確保するとともに、地域住民の意向を反映するために、教育委員会が執行機関となり、社会教育の施設を所管することとなっている。

　具体的な法律をみると、地方自治法（**資料10**）では「教育委員会は、別に法律の定めるところにより、学校その他の教育機関を管理し、学校の組織編制、教育課程、教科書その他の教材の取扱及び教育職員の身分取扱に関する事務を行い、並びに社会教育その他教育、学術及び文化に関する事務を管理し及びこれを執行する」（第180条の8）と規定している。ただし、同条第180条の2において規定されている補助執行、委任の制度により、教育委員会の権限に属する事務の一部をいわゆる首長部局の職員や行政の機関の長に委任したり、職員に補助執行させたりすることができる。

第2部　社会教育行政の経営

さらに、地方教育行政の組織及び運営に関する法律（**資料9**）は、教育委員会の職務権限を規定し（第21条）、図書館、博物館、公民館その他の教育機関を設置する他、条例で、教育に関する専門的、技術的事項の研究又は教育関係職員の研修、保健若しくは福利厚生に関する施設その他の必要な教育機関を設置することができるとしている。

2018年12月に公表された中央教育審議会答申「人口減少時代の新しい地域づくりに向けた社会教育の振興方策について」は、公立社会教育施設の所管を地方公共団体の長とすることができる特例を設けることを認める方針を打ち出し、翌2019年6月に地方教育行政の組織及び運営に関する法律、社会教育法、図書館法、博物館法が改正され、公立社会教育施設（公民館、図書館、博物館）の所管を首長部局に移管することを可能とする特例が認められた。ただし、この場合においても、条例制定時に教育委員会の意見を聞くなど社会教育の適切な実施に向けた担保措置を講ずることとしている。

(2) 法制度上の枠組み

社会教育に関する国及び地方公共団体の任務については社会教育法第3条、地方公共団体が行うべき事務については同法第5条（市町村の教育委員会の事務）、第6条（都道府県の教育委員会の事務）において、それぞれ規定されている。市町村（特別区含む）は当該の地域における社会教育振興の一義的な責任を有し、都道府県は、市町村の支援を行うという構図が描かれている。

第3条の任務、つまり社会教育の環境醸成を遂行する上で欠かせないのが、公民館など法律によって規定された社会教育施設の設置・運営や、社会教育主事をはじめとする社会教育に携わる職員、いわゆる指導系職員である。

社会教育主事は教育委員会事務局に置かれる「社会教育を行う者に専門的技術的な助言と指導を与える」（第9条の3）専門的教育職員であり、これまで社会教育行政の要として地域における社会教育の推進に大きく貢献してきた（詳細は第1章）。2020年度以降、社会教育主事となることができる資格を取得した者は、称号「社会教育士」を名乗ることができるようになるなど、教育委員会事務局外においても活躍が期待されている。

さらに、公民館、博物館、図書館などの社会教育施設には、それぞれ、主

第3章　社会教育行政の仕組み　41

事（いわゆる公民館主事）、学芸員、司書などの職員が法律によって規定されており、それぞれの施設の目的達成のため、地域において、住民に学習機会を提供し、学びを促進するために力を尽くしている。

これら法律によって規定された社会教育施設や社会教育職員は、いわば社会教育を推進するための社会的装置である。これらの装置を最大限に活用することによって、地域の持続可能な発展につながるだろう。さらに、それぞれの施設や職員が有機的に連携することによって、社会の変化（第1章）に柔軟に対応していくことが可能となるであろう。

(3) 社会教育計画の策定

① 計画策定の意義

社会教育計画は、教育基本法、社会教育法における国や地方公共団体の任務や事務を遂行するための方法や手順を考え企画するものといえる。

計画策定にあたっては、いわゆる PDCA サイクル、Plan（計画）— Do（実施）— Check（評価）— Action（改善行動）を意識する必要がある。特に、計画と評価は表裏一体の関係であり、計画時に設定した達成目標や評価のための指標（数値目標）は評価のための基準となる。

また、計画策定にあたっては、その必要性、根拠を明確に示すことも重要である。いわゆるエビデンス・ベースドと呼ばれるもので、調査結果などの客観的なデータを示すことが求められる。

② 社会教育を取り巻く様々な行政計画

行政における計画で最も上位に位置するものが総合計画であり、行政活動の指針となるもので、マスタープランなどと呼ばれることもある。一般に行政計画は、基本構想、基本計画、実施計画という3つの段階により構成されることが多い。

社会教育計画は上述の総合計画や教育基本法に規定されている教育振興基本計画などの下位計画として位置づけられ、これらの上位計画の内容に基づいて策定されなければならない。また、新教育委員会制度における総合教育会議「教育大綱」、生涯学習振興計画など当該地域の生涯学習を振興するた

42　第2部　社会教育行政の経営

めの計画も、社会教育計画策定にあたって参酌することが求められるだろう。

　ただし、近年は、こうした社会教育計画を策定する地方公共団体は多くないのが現状であり、地域によっては、従来の社会教育計画の内容そのままに、生涯学習振興（推進）計画として策定されている例も見られる。しかし、生涯学習が学校教育における学習を含む包括的な概念であることをふまえると、こうした傾向は、地方自治体に生涯学習に対する理解が浸透していないことの証と捉えることもできよう。

　なお、長野県（**事例5**）では、総合計画において「地域に根付く学びの風土と自主自立の県民性を再認識し、その力を最大限に発揮」し、「『学びと自治の力』を政策推進のエンジンに」というスローガンを掲げるなど、実質的に社会教育を基盤とした地域づくりを進めることが方針の1つとして打ち出されている点が注目される。同計画に基づく個別計画として、「共に学び合い、共に価値を創る」学びの環境づくりを重点政策の1つとする「第3次長野県教育振興基本計画」が制定され、様々な施策が展開されている。

③ 社会教育計画の種類

　社会教育計画は、概ね3年から5年の中期、5年から10年程度の長期にわたる事業計画「中・長期事業計画（複数年次事業計画）」、単一年度の年間事業計画、年間事業計画に位置づけられた事業ごとの計画「個別事業計画（いわゆる学習プログラム）」、個別事業の実施にあたって事業回ごとに詳細な計画を示した「学習展開計画」などの種類があるが、前述したとおり、中・長期事業計画を策定しない地方公共団体も少なからず存在している。

　なお、一般に、社会教育計画には、上記の事業計画の他、社会教育施設の整備に関する計画（施設計画）、社会教育指導者の養成や職員の採用・配置に関する計画（指導者計画、人事計画）などが含まれる[1]。

④ 社会教育計画策定の手順

　社会教育法では社会教育委員の職務として「社会教育に関する諸計画を立案すること」（第17条）が規定されている。次ページの手順は、社会教育委員がコミットし社会教育計画を策定する場合の一例である。

第3章　社会教育行政の仕組み　43

> 社会教育計画の策定手順（例）
> ・社会教育委員の会議に計画の基本方針について諮問
> ・住民に向けた調査、団体調査
> ・社会教育委員の会議が基本方針を答申
> ・基本方針を受け策定のための委員会が計画案を策定
> ・パブリックコメント（広聴）を実施
> ・社会教育委員の会議などで計画案を検討
> ・計画策定

　なお、計画策定にあたっては、上記手順にあるようにパブリックコメントなどの広聴の機会を設け、広く地域住民からの意見を聴くことが重要である。

(4) 社会教育計画の評価

① 評価の種類

　評価は、まず、事業の参加者数、申込者数、修了者数など事業実績などのいわゆるアウトプット評価が挙げられる。人数など、数値で示すことが容易なため、多くの事業で採用されている。

　一方、知識の理解、技能の修得、態度の変容など事業に参加した学習者の学習目標の達成に関わる評価を短期的アウトカム評価、さらに、当該事業をきっかけとし（もちろん、他の事業や当該事業以外の諸要因との相乗効果もある）、地域が活性化されたといった評価を長期的アウトカム評価といい、積極的に評価を行い、次に行う事業の改善につなげることが求められている。

② 評価の方法

　個別事業の評価として、事業への参加者数などの事業実績を評価するアウトプット評価、受講者へのアンケートやリアクション・ペーパーを用いて、あるいはヒアリングやグループでのふり返りを通して感想や満足度などを把握したり、知識や技術の定着を図るために筆記テストや実技テストなど到達度を測定するための試験を行ったりするなどの事業の直接的な評価、言い換えれば、短期的アウトカム評価が考えられる。さらに、個別事業の評価は事業終了後に実施するだけでなく、事業の途中に評価を実施し、学習者の理解度や興味・関心を把握し、当該事業の改善につなげるいわゆる形成的評価を取り入れることも重要である。

中・長期事業計画の評価は、年度ごと、事業ごとに実施した評価の積み上げ、地域住民を対象とした意識・実態調査などによって行う。前述したとおり、設定された目標が評価の基準となるが、評価のための指標（数値）を検討し、客観的な数字で表すよう努力する必要があろう。

　この場合、健康講座を定期的に実施することで医療費が削減された、環境教育の実践により街に住民が自主的に花壇を作り、街の雰囲気が明るくなりゴミが減った、地域づくり講座の受講生が市民委員として活躍するようになったなどの長期的なアウトカム評価を試みることが求められよう。

　また、評価は、自己評価（当該機関・施設の職員のみで実施）から、外部評価（外部人材を評価者に選定し当該機関・施設の職員とともに実施）、第三者評価（評価の内容・方法の決定などに外部人材が関与し評価）へと開かれた評価へ向かうよう考慮すべきである。さらに、こうした評価の結果を広く地域住民に公表し、意見を求めることも不可欠である。

　評価は PDCA サイクルにより、社会教育事業を改善するために実施するものである。「評価疲れ」という言葉を耳にすることがあるが、評価は決してそれ自体が目的ではない。評価のための評価、つまり、評価自体を目的化することがないよう、明確な達成目標を設定し、それに対応した評価指標を検討するなど、積極的、組織的に取り組むことが肝要である。

2　学習課題の把握

　社会教育事業を計画する上で学習課題の把握は不可欠である。本節では、学習課題の概念、学習課題の把握方法について取り上げる。

(1) 学習課題とは

　学習課題には、「個人の要望」による学習課題、「社会の要請」による学習課題の2つの課題がある。これらは、かつては「要求課題」「必要課題」とそれぞれ呼ばれていたもので、前者は学習者自身が「学びたい」と考える学習課題であり、後者はいわゆる「現代的課題の学習」など社会や地域の課題を解決し、発展していくために不可欠であると考えられる、いわば「学ぶ必要

第3章　社会教育行政の仕組み　45

がある」学習課題である。現在、少子化による人口減少、急速な高齢化、グローバル化、人と人とのつながりの希薄化による社会的孤立の拡大など、様々な課題に直面しており[2]、課題解決に向けた学習が望まれている。

近年、公民館などで実施される趣味・教養型の講座に対する批判的な意見が挙がっている。社会教育行政は「個人の要望」よりも「社会の要請」に関わる学習を支援することを強調する議論である。確かに「社会の要請」に関わる学習はカルチャーセンターなどの民間教育産業などで取り上げられることは稀であり、公民館などの公的部門への期待が高まるのは事実である。しかし、「個人の要望」に応えるための講座が地域社会にもたらすであろうインパクト（例えば自主サークル結成、地域交流など）の存在も考慮すべきであるし、**図 3-1** が示すとおり、「社会の要請」一辺倒では、当該地域に居住する学習者の興味、関心を得にくく、事業などへの積極的な参加は期待できない（**表 2-1**）。社会教育事業の立案にあたっては、量的な面で両者のバランスを取ることが肝要であるし、質的な面でいうと、1 つの事業の中に両者をうまく組み込む工夫も必要である。

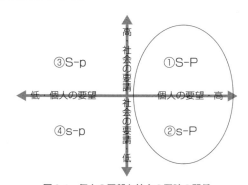

図 3-1　個人の要望と社会の要請の関係

S は社会の要請、P は個人の要望を示す。①S-P は両者がともに高い学習課題であり多くの参加者が見込まれる計画となる。②s-P は社会の要請は高くないが個人の要望が高い計画であり、多くの参加者が見込まれるが公的部門が実施すべき課題としての優先度は高くない場合もある。一方、③S-p は社会の要請が高いが個人の要望が低い計画で、あまり多くの参加者が見込まれないだろう。

(2) 学習課題の把握方法

学習課題を把握するためには、国や民間が実施する社会教育や生涯学習に

関する調査、地方公共団体が独自に行った調査、新聞、地域のミニコミ誌、タウン誌などの活用、公民館講座などの受講者へのアンケート調査、日常的な地域住民との交流、公民館などでのロビーワーク、SNSなどの活用など、幅広い視野を持ち、常にアンテナを張り巡らせることが必要である。

　また、その際に重要なことは、地方公共団体の総合計画などで示された当該地域における諸課題や政策、施策を踏まえ、前述の「個人の要望」と「社会の要請」の両面から当該地域の学習課題を探ることである。

(3) 事業につなげるために

　地域における学習課題を的確に把握し、公民館などの社会教育施設の事業につなげるためには、施設の職員自身が学習課題の構造や本質を理解することが求められる。1981年の社会教育審議会成人教育分科会「社会教育主事の養成について（報告）」において示された、社会教育主事に求められる資質・能力の1つ「幅広い視野と探求心」は、社会教育主事のみならず、施設の職員も常に持つべき態度といえよう。

> 社会教育主事は、人々の学習要求や社会が要請する課題を把握し、それらにどのように対処したらよいのかを的確に判断しなければならない。このことは、各内容領域に通暁していなければできないということではなく、幅広い視野と一般的な知識を豊かに持って、様々な内容領域の基本的な構造を的確に読み取る方法論を身に付けることによって行い得るものである。
> （社会教育審議会成人教育分科会「社会教育主事の養成について（報告）」1981年）

　さらに、学習課題を学習プログラムの中に位置づけ、課題解決に向けた適切な学習を行うことができるよう、学習者の特性や学習方法を理解し、学習プログラムを立案することができる力を身につけなければならない[3]。

3　社会教育行政と広報

(1) 広報の役割

　広報とは「ひろく知らせること。また、そのしらせ」（広辞苑第7版）であるが、社会教育行政の広報は、「ひろく知らせること」に留まってはならない。むしろ、英語の public relations（PR）の考え方を採用すべきである。PRと

は、単に様々な施策や事業の情報を広め、知らせるだけでなく、地域住民などの理解を促し、支援、協力を求める活動である。

　社会教育行政が、広報で多様な情報を公開することによって、社会教育行政のガバナンス機能を高め、アカウンタビリティ（説明責任）を果たすこととなる。さらに、効果的な広報によって、地域住民の学習意欲を喚起し、学習者同士、学習者と団体などとの新たな関係構築も期待できる。

(2) 広報にあたっての留意点

　広報にあたっては、その時期や対象となる層の特徴に合った方法を適切に選ぶことが必要となる。また、行政の作成する広報誌など従来型の印刷メディア、CATV やローカルテレビ局、コミュニティ FM など放送型のメディア、インターネットを活用した情報提供など、ターゲットを意識した幅広いメディアの活用が求められる。

　特に近年は、Twitter や Facebook、Instagram などのソーシャル・ネットワーク・サービス（SNS）や YouTube チャンネルの活用が注目されており、沖縄県那覇市の若狭公民館（**事例 8**）では、ホームページのリニューアル、Facebook などの SNS の積極的活用、メールマガジンの発行など ICT を活用し PR を行っている。さらに、広報誌の誌面も工夫し、近隣の小中学校の全児童・生徒に配布、新聞折り込みなど積極的な広報を展開している。

　なお、広報活動にあたっては、著作権や肖像権への配慮が必要であり、社会教育職員は著作権法などの法令を理解することが求められる。他人の著作物を無断で複製するなど、著作権を侵害することがないよう留意しなければならない。また、事業報告などにおいて、参加者などの姿が映り込んでいる写真の取り扱いについても無断掲載などがないよう注意することが必要である。

(3) 広報と学習情報提供

　最後に、学習情報提供に言及しておきたい。講座や施設、社会教育関係団体や講師の情報など、学習者や学習希望者にとって有益な情報を収集し、様々な手法を用いて提供するのが学習情報提供である。学習相談とならんで、

人々の生涯学習支援方策の1つ「学習機会の選択・援助」として実践され、大きな成果を上げている。さらに近年は、インターネット、SNSを活用し、多様な層へのアプローチを行っている。

　公民館や博物館など、いわゆる「公」が実施する学習情報だけでなく、営利（企業など）、非営利（NPOなど）も含めた「民」が実施する学習情報を積極的に提供することによって、学習の活性化につながるばかりか、地域の活性化や地域における新しい関係性の構築にもつながるだろう。

注
1）原義彦「社会教育計画の内容」『社会教育計画ハンドブック』国立教育政策研究所社会教育実践研究センター、2009年など参照。
2）中央教育審議会答申「人口減少時代の新しい地域づくりに向けた社会教育の振興方策について」2018年。
3）これについては、生涯学習支援論のテキストである髙井正・中村香編著『生涯学習支援のデザイン』玉川大学出版部、2019年を参照。

確認問題
(1) 社会教育の振興における社会教育行政の役割は何か説明しなさい。
(2) 学習課題の種類、学習課題の把握方法を説明しなさい。
(3) 社会教育行政の広報において重要な視点は何か説明しなさい。

より深く学習するための参考文献や資料
• 社会教育行政研究会『社会教育行政読本―「協働」時代の道しるべ―』第一法規、2013年（社会教育に関する法令などを、文部科学省職員が分かりやすく解説している）。
• 生涯学習・社会教育行政研究会『生涯学習・社会教育行政必携（令和2年版）』第一法規、2019年（法令や統計資料など、社会教育職員に役立つ情報が掲載されている）。
• 日本社会教育学会編『社会教育職員養成と研修の新たな展望（日本の社会教育　第62集）』東洋館出版社、2018年（社会教育職員の専門性や養成について理解を深めることができる）。

事例5 社会教育あふれる長野県づくり

1 長野県総合計画と社会教育

　長野県は 2018 年度に策定した県の総合計画のキャッチフレーズを「しあわせ信州創造プラン 2.0〜学びと自治の力で拓く新時代」とした。この言葉には、これからは学びによって力をつけた人々が自治的に地域や社会を創造していく時代であり、そういう取り組みを県は支えていこう、というメッセージが込められている。

　ここでいう学びとは、「学校の教育課程として行われる教育活動を除き、主として青少年及び成人に対して行われる組織的な教育活動」（社会教育法第 2条）としての社会教育における学習をイメージしている。いうなれば長野県は総合計画で、社会教育あふれる県づくりを基盤にした地域づくりを進めると宣言したといえる。

　ただし、社会教育法では、教育委員会の役割を中心に、公民館や社会教育関係団体などを通した社会教育の振興が規定されている。それに対し、人々が地域や社会において自治的に暮らしを拓く行動と学びは一体的に存するものであり、長野県における社会教育の振興は、社会教育活動をより広くとらえている。本稿では、その実態を紹介するとともに今後の課題を展望する。

2 地域福祉における社会教育の機能

　筆者は 2018 年 5 月、長野県生涯学習推進センター主催講座「みんなの学び〜共に学び合い、共に価値を創る」の企画運営を担当した。この講座のテーマは住民の学びを支えるコーディネーターの力量や役割である。講座では、話題提供者の一人として、県長寿社会開発センターでシニア活動推進コーディネーターを務める A 氏に講話をお願いした。

　A 氏は長野市のショッピングモール、ケーズタウン若里店を拠点とした活動を紹介してくれた。そこでは、シニア世代が、健康づくりやつながりづくりなど、自分たちシニアをめぐる課題に対して、互いに学び合いながら、自治的に解決していく取り組みが展開されている。A 氏は、シニア大学などに自ら参加することはなく、また介護保険や医療の世話にはなっていないけれども、孤立

50　第 2 部　社会教育行政の経営

とか健康不安などの課題を持つシニア世代へのアプローチを課題と捉えていた。

　上記の取り組みは、社会福祉に理解のある同店店長の協力のもと、シニア世代が必ず立ち寄るであろう、スーパーマーケットに居場所を実現したものである。ここではシニア世代メンバー自身が職業生活で培った経験を生かしながら、自治的に居場所を運営している。週1回の居場所の運営が終わると必ずお茶会でふり返り、活動の見直しの話し合いを行っている。市の保健師の出張による血圧測定、包括支援センターによる相談事業など、居場所の中身は回を追うごとに充実している。

　A氏は、これまでも課題を持つ人に寄り添いながら、その人を取り巻いている様々な人や組織を結びつけて解決する、という姿勢で仕事に取り組んできた。ケーズタウンの取り組みはまさしく社会教育活動そのものであり、A氏はこの取り組みの中で、社会教育主事と同じ役割を果たしている。

3　長野県社会教育の核としての公民館の現状と課題

　2016年度に長野県公民館運営協議会（以下、公運協）が実施した公民館調査によると、県内には市町村立公民館が310館、自治公民館は3,751館設置されている。

　自治公民館では、公民館事業の企画運営や財源確保までを住民が担っている。特に飯田市には「公民館をする」という言葉遣いがある。この言葉から、公民館を建物というよりは機能と捉えていることがわかる。つまり、長野県の人々は公民館を日常生活に当たり前にある存在として捉えている。

　一方、市町村立公民館には、館長と一人以上の公民館主事が配置されている。その多くは、公民館報の編集など公民館事業の企画や運営を住民自身が担う専門委員会制度を採用しており、住民自身が公民館事業を企てる側に立つ仕組みが残っている。その仕組みを生かすためには、そして社会教育の主体が住民であることを考えると、前項で紹介したA氏のように、公民館主事等の職員は住民主体の社会教育活動に寄り添い支える役割を持つはずである。しかし実際には、事業の企画や運営を公民館側が用意し、住民がそれを利用するというケースが目立ち、自治公民館の活発な取り組みと比べ住民参画の度合いが低くなっている。

　1950年代から60年代にかけて、長野県には大学で社会教育を学び、学んだことの実践の場として県内市町村の公民館現場を選んだ社会教育主事が多く存

在していた。また、その人々に影響を受けた青年団活動の経験を持つ公民館主事たちも多く、専門性や熱意を持ち、住民主体で地域課題の解決に向き合う公民館の取り組みを支えていた。しかし 2000 年頃を境にそういう先輩職員たちが退職し、以降の公民館には専門性を持った職員が激減し、公民館職員の経験年数も 2 年から 3 年（公運協：2017 年度長野県公民館主事アンケート）と大変短くなっている。このことは、職員の力量向上にとって、決してよい条件ではない。

4　成果と展望

(1)　地域課題に向き合う多彩な学びの現場と支える人材

　筆者は県の職員となって以来、県内の地域課題に向き合う現場を訪れており、住民主体の多彩な実践が県内各地で進められていることを把握している。その経験から、長野県には、北・中・南アルプスに囲まれ、急峻で狭隘な地形のもとで暮らしを営む地域が多くあり、人々の学びや、学びを力にした自治により、ハンデを克服してきた地域の特性があると捉えている。

　しかし、それら地域課題に向き合う取り組みと公民館は必ずしもつながっていない。むしろ社会福祉協議会や長寿社会開発センター、住民自治協議会など公民館以外の団体の関わるケースも多く見受けられる。例えば、長野市大岡地区では住民自治協議会が中心となり、地域資源の掘り起こしをねらった「地域のあるもの探しの地元学」を実施し、これには中学生も参加している。それらの現場に共通するのは、課題に向き合う学びや、学びに基づく自治の取り組みと、それら取り組みの支え手の存在である。なお、ここでいう支え手には自治体職員に加えて社会福祉協議会や住民自治協議会など、住民自治を支える中間支援組織のスタッフも含む。少子高齢化・人口減少社会に向き合い、持続可能な地域づくりに向けて自治の力を高めていくためには、公民館や社会福祉協議会、住民自治協議会あるいは有志団体などが同じ地域の中であるいは地域を超えた圏域で、垣根を超えた協働の取り組みを進めることが必要である。

(2)　まちむら寄り添いファシリテーター養成講座

　長野県は、生涯学習推進センターにおいて、2016 年度より公民館職員の力量形成に焦点化し、事業を通して社会教育の支援に取り組んでいる。2017 年度からは、県内各市町村や圏域公運協組織と共催し、地域に出向いた講座づくりも

実施している。2018年度からは社会教育を広く捉え、センター講座とは別に、地域における学びと、学びに基づく自治の取り組みを支える人材の養成をねらう事業として、地域振興課と文化財・生涯学習課の協働で「まちむら寄り添いファシリテーター養成講座」を開催した。

初年度の講座には58人が参加した。内訳は公民館主事、図書館司書、地域おこし協力隊、住民リーダーなど多彩であるが、共通するのは地域において住民主体の課題解決を支える役割を持つことである。全8回の講座の前半はファシリテーターとしての備えや技術を学ぶ座学、後半は9カ所の現場に分かれ、現場の課題に向き合うワークショップの企画運営を実践することで、住民に寄り添う備えや方法を学ぶ内容である。社会教育を人々の暮らしの中に広く浸透させるため、受講者を公民館主事など社会教育関係者に限らず幅広く求めた。

少子高齢化・人口減少社会を、人生100年時代の理想的な社会としてつくりあげるために必要なのは、地域の課題に住民自身が向き合うための学びと自治の力であり、それは社会教育活動そのものである。時代は確実に社会教育を求めており、そういう時代の要請に応えることのできる広い意味での社会教育の支え手の力量づくりは喫緊の課題である。

木下巨一　長野県生涯学習推進センター所長（2019年4月〜）。2017年3月までは飯田市において21年間公民館・社会教育の仕事に関わる。

事例6 東京都北区立文化センターにおける「地域理解講座」

1 北区立文化センターについて

　東京都北区（人口約35万人）は、王子・赤羽・滝野川の3つの地域からなり、各地域に社会教育・生涯学習施設として中央公園・赤羽・滝野川の文化センターが設置されている。これら3つの文化センターは、2007年度から指定管理者制度が導入され、公募の結果選定された指定管理者（地元民間企業）が施設の維持管理・運営を担っている。施設としての主な役割・機能には学習の「場の提供」「情報の提供・相談対応」「成果の発表・活用」等があるが、要となるのが「機会の提供」として行う事業実施である。北区教育委員会の委託事業として各種講座（区民講座・区民協働講座・子ども講座等）やイベント（学習発表の場としての「祭（まつり）」、子ども向け体験イベント、サークル体験会等）を実施する他、指定管理者の独自企画である自主事業（以下、特別講座）を各文化センターで年間を通じて開講している。

　本稿では、文化センターの特別講座の中から、地域を理解しつながりをつくることを目的に8年間にわたり継続実施している事業を紹介する。

2 特別講座「北区の商店街を歩く」の取り組み

(1) 目的：地域に学び、顔が見える関係づくりを目指す

　北区は今なお江戸時代からの下町文化を遺す地域として知られ、区内には88か所の商店街が息づいており、十条銀座商店街や田端銀座商店街など、しばしばテレビで紹介される商店街も含まれている。

　2011年度から毎年実施している特別講座「北区の商店街を歩く」は、地域の魅力を掘り起こし、商店街の担い手、区民、そして文化センター職員が地域の中で顔が見える関係性をつくることを目的にしている。文化センター職員にとってはOJTの一貫でもあり、区民である参加者とともにまちを巡ることを通して、地域の現状を実感することにつながっている。

54　第2部　社会教育行政の経営

(2) 講座の準備——商店街の魅力を探し形にする

　王子・赤羽・滝野川の各地域から1か所ずつ商店街を選び、各々の商店街役員と打ち合わせを重ねながら、歩くコースと立ち寄り先の商店を決めていく。開催当日に各店主からクイズを出してもらうのだが、店の特徴を表すクイズを作るのに毎回苦労する。「紹介できるものがない」「商店街は滅びるんだよ」「シャッター街を案内するのはつらい」「後継者がいないので、どうしたらよいか教えてほしい」と悩む声を受け止めながら、職員が何度も現地を歩き、店主を励ましながら根気強く一緒に魅力探しをして、クイズや当日の配布資料に反映させていく。講座は参加費300円で実施し、この中から会場費と茶菓代金を賄い、商店街の方々には無償で協力をお願いしている。

(3) 講座の実際——商店街の魅力を五感で味わい伝え合う

　にぎわいのある商店街ばかりではなく、シャッター街になっているところも含め、これまでに訪ねた商店街は7年間で30か所に及ぶ。地域ごとに参加者は20名（定員）、担当文化センターの職員2～3人が同伴し、10か所程度の立ち寄り先を巡りながら商店街を歩く。立ち寄り先では、一軒一軒の店主から話を聞き、クイズを通してその店・業種・職業ならではの豆知識を得ていく。

　約2時間半の講座では、はじめに商店街の歴史や由来を役員に語ってもらう。商店街と周辺地域がどのように生き延びてきたのか、商店街の現在はどうなっているのか。参加者は話を聴き、質問や感想など、自然と言葉を交わし合う。「シャッター街になっているのが残念」ではあるが、「いろいろな種類の個人商店があって楽しい」「若い方の出店を応援したい」と、それぞれの感慨で現状を受け止めている。参加者は、北区に引っ越してきたばかりの人、近所の住人、元商店主など、地域への関心と愛情を持つ人がほとんどである。

「十条銀座商店街」を歩く参加者

「北区の商店街を歩く」クイズの一例

出題店	クイズ	解　答
金物店	北京鍋と中華鍋の違いは？	北京鍋は片手、中華鍋は両手
うなぎ店	うなぎが最もおいしい季節は？	冬
豆腐店	大豆を浸す時間は冬、何時間？	20時間

(4) 成果——地域の継続性についての気づき

　商店街では、区民にどのように個人商店の魅力を伝えたらよいかを考え工夫する。例えば王子の瀬戸物店では、全国の焼物の産地をクイズとして出題し、店の商品で説明していく。また、LED化した街路灯の数を出題し、街を明るくする取り組みを理解してもらう。このような日々の小さな努力の積み重ねで地域は何とか継続しており、皆が安心して暮らしていける環境が地域の人々の努力によってつくられていることに参加者は気づいていく。そして、地域のために何が自分にできるのか、考えることにもつながっていく。

(5) 発展——新たな講座への展開

　本講座を通して、何代も続く名店や地域を支える人々を知り、技術が伝承され磨かれた名品は貴重な地域資源であるという認識は深まっていく。一方で、新住民や若い出店者との出会いを経て、地域の継続のためには、担い手となる新たな力が必要であることに気づく。こうした気づきから、特別講座「北区の名品を味わう」「北区にくらす・はたらく」「北区の専門店に学ぶ」などの新たな講座が誕生している。例えば商店街にできたアールブリュットのギャラリーや、若い焙煎士が開いたカフェの店主を招いて、その実践とまちの魅力を伝える講座である。文化センターの講座で、地域に根差した生き方を区民に紹介することで、新規の出店者を応援するとともに、参加者（区民）へ向けて、各々の生き方・暮らし方を見つめ直すきっかけを提示し、支持を得ている。

赤羽・OK横丁

3　地域とともに成長する施設・地域の担い手となる企業を目指して

　北区の高齢化率（65歳以上の割合）は、2019年1月1日現在24.93％であり、23区の平均値22.4％（2018年9月）よりかなり高い。文化センターで実施する講座への参加者も高齢者が多く、若い世代との交流が課題となっている。一方で、北区では優先課題として「子育てするなら北区が一番」を掲げており、子育て世代にとっても住みやすい街づくりが求められている。シニア向けの施策「長生きするなら北区が一番」で高齢者を大切にしながら、子育て世代も住みよい地域づくりを目指すこの地域で、文化センターの講座で世代間をつなぐきっかけをつくり、まちを盛り上げていくことは地域の一員としての役目である。なぜなら、「地域」が元気に継続しなければ、文化センターの存続のみならず、地元の企業、商店の存続・発展も危ぶまれるからである。

　「指定管理者の自主事業」では、世間のニーズに応じた専門性の高いプログラムを、相応の対価を支払って参加するある種の玄人向けに事業が行われる傾向があるが、「文化センターの指定管理者」としては、施設機能と人脈・ノウハウを活用し、地域のありのままを受け止めながら、地域を豊かにするには何が必要か、区民とともに考え各種事業を実践していきたい。

　文化センターを拠点に活動している区民の中には、商店街役員や町会役員を担うまちのコアメンバーが少なくない。そうした地域の人たちから日々受け取っている、時代をこえて受け継がれてきた技術や知恵を次世代につなぐために、施設の所管である北区教育委員会とともに、試行錯誤を繰り返しながら、二人三脚で地域の実態に即した施設運営を目指し取り組んでいる。集客や採算性に配慮しながらも、地元企業の指定管理者として地域に貢献することを第一優先順位と考え、今後も学習プロセスや地域の界隈性の創出・維持に目を向け、草の根的な活動を継続していきたい。

大賀美弥子　北区立文化センター指定管理者（株）旺栄文化センター統括副責任者。
髙木悠子　2007年から北区立文化センター事業学習担当、2018年から同統括責任者。

第4章 社会教育施設の経営

本章は、社会教育施設[1]の経営に焦点を当て、経営戦略の観点からこれからの社会教育施設の経営の在り方を検討するものである。まず、経営、経営戦略とは何かを検討した上で、社会教育施設の経営主体である館長のリーダーシップ、経営管理の手法など、これまであまり語られて来なかった新しい視点から考察を深めていくこととする。

キーワード 経営戦略、館長のリーダーシップ、経営管理手法、NPM、ネットワーク

1 「経営」からみた社会教育施設

(1) 社会教育における経営とは何か

社会教育における経営を考える前に教育経営についてみてみたい。

生涯学習社会の実現が政策課題になっている今日、個人の生涯にわたる自己実現や学習を支援する科学として教育経営学を位置づける視点から、教育経営に関する次のような定義がある[2]。

> 各個人の発達課題や生活課題に対応して必要とされる学習が、家庭、学校、社会において、誕生から死に至るまでの間、有効に遂行されるようにするための条件を案出し、その条件を有機的に作用させること

これは、教育経営を実質的に生涯教育の経営（あるいは、生涯学習を支援するための教育経営）として捉えた定義である。さらに、その際の経営主体は、学習者本人、親などの家族、行政機関、その他個人や組織であるとし、それらは弾力的であって差し支えないとする。

上記のような教育経営の概念は、教育基本法第3条「国民一人一人が、自己の人格を磨き、豊かな人生を送ることができるよう、その生涯にわたって、

58 第2部 社会教育行政の経営

あらゆる機会に、あらゆる場所において学習することができ、その成果を適切に生かすことのできる社会の実現が図られなければならない」が謳う社会の実現に向けて、教育が果たすべき作用と同等と考えることができる。そのため社会教育行政は教育の経営主体の中心的役割を担うことが期待される。すなわち、社会教育行政には、人々の生涯にわたる学習を可能とすべく、社会のあらゆる教育資源を掘り起こし、それらを有機的に作用させる役割が求められるのである。

　なお、ここでいう教育資源として、地域住民や当該社会教育施設職員などの個人や社会教育関係団体などの「人的資源」、社会教育施設・設備、物資などの「物的資源」、予算などの「金銭的資源」、各社会教育施設が持つプログラムや教育のノウハウなどの「情報的資源」が挙げられる。これらは社会教育施設の経営における経営資源ともいえるものである。

　一方、公民館などの公的社会教育施設は、教育基本法、社会教育法、図書館法、博物館法、さらには、地方公共団体の条例などの法令に基づいて目的が設定され、地方の状況に応じて設置されるものである。よって、各社会教育施設には、設置法令に謳われている目的、事業の範囲において、より効果的な施設運営が求められるということは言うまでもない。

(2) 社会教育施設における経営戦略

　前述したとおり、社会教育施設はそれぞれ目的が設定され、それぞれの地方公共団体の社会教育に関わる諸計画に基づき、毎年、様々な事業が計画、実施されている。

　経営学において、経営戦略の中核は「特定の組織が何らかの目的を達成するための道筋」[3]であるとされる。ここでいう「組織」とは、古くは営利企業を中心としていたが、現在では民間非営利組織や政府などの多様な組織体を含む概念である。また、「道筋」とは古くは、指針、方法、計画、設計図、見取り図と表現され、集団が事前に決定する行動方針であったが、現在では、各種の利害関係者との関係性をどのようにつくり上げるべきかまでが「道筋」に含まれうるとされている。

　より効果的、効率的な事業を展開するためには、社会教育施設ごとに、明

確な達成目標を立て、その目標達成に向けた計画を立案することが求められる。さらに、社会教育施設を取り巻くステークホルダーとの関係性構築をも視野にいれることが求められよう。

　その第一段階として、各社会教育施設の運営方針、運営ビジョンを明確に示し、事業計画とともに公表することが重要となる。既に博物館では「博物館の設置及び運営上の望ましい基準（文部科学省告示第165号）」（2011年）において以下のような努力義務が課せられている。

（基本的運営方針及び事業計画）
第三条　博物館は、その設置の目的を踏まえ、資料の収集・保管・展示、調査研究、教育普及活動等の実施に関する基本的な運営の方針（以下「基本的運営方針」という。）を策定し、公表するよう努めるものとする。
2　博物館は、基本的運営方針を踏まえ、事業年度ごとに、その事業年度の事業計画を策定し、公表するよう努めるものとする。
3　博物館は、基本的運営方針及び前項の事業計画の策定に当たっては、利用者及び地域住民の要望並びに社会の要請に十分留意するものとする。

(3) 社会教育施設の自己点検・評価

　社会教育施設の経営においても、PDCAサイクルによる評価、改善活動が重要である。社会教育法は、公民館の運営状況に関する評価、改善に関して、以下のとおり規定している。

（運営の状況に関する評価等）
第三十二条　公民館は、当該公民館の運営の状況について評価を行うとともに、その結果に基づき公民館の運営の改善を図るため必要な措置を講ずるよう努めなければならない。

　さらに、同条の2では、当該公民館に対する地域住民の理解を深め、連携・協力を推進するよう、運営の状況に関する情報の積極的な提供を努力目標として規定している。

2 館長に求められる役割

(1) リーダーシップ

　社会教育施設の経営にあたっては、各施設の館長（責任者）のリーダーとしての役割が重要であり、当該施設の目標達成に与える影響は大きい。リーダーシップの機能をめぐっては諸説存在するが、本書ではリーダーシップの機能を類型化した「PM 理論」を紹介したい[4]。

　PM 理論によれば、P は performance の頭文字で目標達成に向けたリーダーの働き「目標達成機能」を、M は maintenance の頭文字で集団の結束や雰囲気づくりなどに向けたリーダーの働き「集団維持機能」をそれぞれ示し、両者の組み合わせによりリーダーシップが4つのパターンに類型化されている。社会教育施設においては、当該施設の目標を達成するため、計画立案、実施、評価、改善行動を行う「目標達成機能（P）」と、施設職員間の良好な関係を構築して職員がチームとして力を発揮できるよう配慮する「集団維持機能（M）」を、ともに発揮すること（PM 型）がリーダーに求められる（**図 4-1**）。なお、本理論では、P 機能、M 機能がともに弱い pm 型リーダーは最低であるが、長期的な視点でみると、Mp 型（P 機能が弱く M 機能が強い）が、Pm 型（P 機能が強く M 機能が弱い）よりも優れていることが示されている。

　社会教育法第 27 条は公民館の職員について「館長は、公民館の行う各種

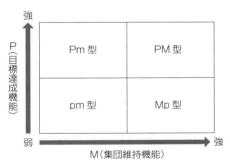

図 4-1　PM 理論

三隅二不二『新しいリーダーシップ―集団指導の行動科学』ダイヤモンド社、1966 年、pp. 117-129 をもとに筆者が作成

第 4 章　社会教育施設の経営　｜　61

の事業の企画実施その他必要な事務を行い、所属職員を監督する」と規定している。事業の企画実施を円滑に遂行するためには、所属職員が働きやすい環境を作ることが不可欠であり、これが館長の大きな役割である。

(2) 経営管理の手法

さらに、館長がリーダーシップを発揮する際に参考となるのが、従来、企業などで実践され、近年は、NPO などの非営利組織においても注目されている経営管理の手法である[5]。

経営管理手法
1. ミッションの共有
2. モチベーションの強化
3. 役割関係の確認
4. コミュニケーションの活性化
5. 経営資源の安定確保

第1のミッションの共有は、当該社会教育施設の達成目標を職員間で共有することである。館長はリーダーとして、ミッションの共有に努める必要がある。

さらに、職員間だけでなく、施設の利用者やボランティア、地域住民との共有を図って行くことも求められる。その意味でも、広報（PR）は重要であり、市町村広報、公民館だより、公民館報などの各施設から発行される広報誌、インターネットのホームページや Twitter、Facebook などのソーシャルメディアの活用などを積極的に行うことが必要である。

また、地域学校協働本部、学校運営協議会、その他地域の協議会、会議体などに館長を中心とした施設職員が積極的に出向き、情報を発信、共有することも重要である。

第2のモチベーションの強化は、職員に対し目標を明確に示す、あるいは、職員が自ら目標を設定することで、モチベーションを向上させるべく取り組むことである。目標達成時には何らかのインセンティブを設定することも検討すべき事柄である。

第3の役割関係の確認では、職員個々の能力や適性を考慮し、それぞれの組織における、あるいは事業における役割を明確に示すことにより、効果的

で効率的な無駄のない組織運営が可能となる。

第4のコミュニケーションの活性化は、コミュニケーションを密に、活性化することによって、職員間の信頼関係を構築し、チームワークの向上につながるものである。シフト勤務による職員間のコミュニケーション不足が常態化しがちな社会教育施設において、重要な課題といえよう。

第5の経営資源の安定確保については、以下のことがポイントとなる。

財政状況が逼迫する中、前掲の地域住民や当該社会教育施設職員などの個人や社会教育関係団体などの「人的資源」、社会教育施設・設備、物資などの「物的資源」、予算などの「金銭的資源」、各社会教育施設が持つプログラムや教育のノウハウなどの「情報的資源」を安定的に確保することは喫緊の課題である。

特に金銭的資源に関しては、ファンドレイジング（資金調達）の手法を用いるなどの創意工夫が必要である。

近年になって注目され、社会教育施設などでの利用が進みつつある「クラウドファンディング」は、インターネットを用いて資金を集めるシステムである。2011年の地方自治法施行令改正により、自治体の代理として第三者が寄附金を集めることが可能になった。

2018年12月に公表された中央教育審議会答申[6]では、国立科学博物館における事例（公的研究費対象外で多額の経費がかかる実験など充足）や、NPO法人本と人とをつなぐ「そらまめの会」（鹿児島県指宿市立図書館指定管理者）の事例（移動図書館を復活）が、これまでの成果として紹介されている。地方公共団体における社会教育費が減少傾向にある中で、制度の積極的活用が期待されよう。

上記以外にも、企業と連携し、商品の代金の一部を寄付する（例えば、飲食店で酒類を1杯注文することで代金のうち10円が寄付される）などの取り組みも盛り上がりを見せている。その他にも、地域の情報を掲載したコミュニティカレンダーを作成・販売して収益を事業に使う取り組み、中間支援組織による資金提供者とのマッチングなど、枚挙に暇がない。こうした取り組みは、市民の関心を呼び起こす効果も期待されるものである。

第4章　社会教育施設の経営　63

3 新しい経営手法とネットワーク

(1) 新しい経営手法の取り入れ

民間企業の経営管理手法を公共部門（行政）に適用することによって、効率化・活性化させようとする New Public Management（ニュー・パブリック・マネジメント、以下 NPM）という行政運営理論が、1980 年代以降、イギリス、ニュージーランドなどで導入されている。

NPM は、市場原理・競争原理の導入、業績・成果の評価、企画立案と実施執行の分離などを行うことにより、効率よく、質の高い行政サービスを提供することを目指して行われるもので、日本においても、1980 年代の公社の民営化、1990 年代に入ると独立行政法人制度、PFI 法、2000 年代の指定管理者制度など NPM の理論・手法による改革が進められてきた。

PFI は Private-Finance-Initiative（プライベート・ファイナンス・イニシアチブ）の略で、「民間の資金と経営能力・技術力（ノウハウ）を活用し、公共施設等の設計・建設・改修・更新や維持管理・運営を行う公共事業の手法」で「地方公共団体が発注者となり、公共事業として行うもの」[7]である。対象は公の施設であり、社会教育施設にも適用されている。

さらに、2003 年に地方自治法の一部が改正され、いわゆる指定管理者制度が創設された。新制度は、公の施設の管理運営を民間企業も含めた法人・その他の団体に行わせることができることとなり、社会教育施設もその対象となる。指定管理者を指定するか、地方公共団体の直営で行うかは各地方公共団体の判断による。指定管理者を指定する期間や指定の方法、管理の基準、業務の範囲などを条例で定め、指定にあたっては議会の議決を経ることとなっている。

指定管理者制度を社会教育施設に適用することについてはこれまでも賛否両論があり、特に、職員の専門性や地域との関係性の喪失、継続性が担保できないなどの否定的な見解が見られた。

しかし、東京都北区文化センター（**事例6**）の実践が示すとおり、指定管理者が専門的な知識や技術を持った熱意あふれる職員を施設に配置し、所管

課との連携を密にすることにより、地域における新しい関係性を創出することができる。今後、このような実践が多くの地域において行われることを期待したい。

(2) 社会教育施設の今日的課題——新しいネットワークの構築

最後に、社会教育施設の今日的課題として以下のことを指摘したい。

① 開かれた施設として

社会教育施設は、誰もが利用できる開かれた施設でなければならない。

何らかの事情で施設に出向くことができない方に対するアウトリーチ活動、障害がある方が施設を利用したり、事業に参加したりする際の合理的配慮、グローバル化による多言語化への対応、多文化の交流促進、さらには、妊産婦や乳幼児、高齢者にやさしい防災拠点としての機能の強化なども求められよう。

そして何より、日頃から地域住民との交流を積極的に進めることによって、地域住民の居場所としての機能を高めることも重要である。

② 複合化による効果

2013 年に発表された「インフラ長寿命化基本計画」により、今後ますます社会教育施設と他の公共施設の複合化、集約化が進むことが予想されている。複合施設の利点を生かした施設経営が求められるとともに、他機関との連携・協働を促進し、時代や地域社会のニーズに合った、新たなサービスを生み出すことが期待されるだろう。

2007 年に開設された東京都港区の「芝浦アイランド児童高齢者交流プラザ（愛称：あいぷら）」[8]は、こども園、子育て広場、学童クラブ、小・中学生のいわゆる居場所機能、60 歳以上が利用できる高齢者施設の機能を持つ複合施設である。公益財団法人東京 YMCA が指定管理者であり、団体の持つノウハウを生かし、ユニークな事業が展開されている。特に、施設に集う乳幼児から高齢世代に至る幅広い世代間交流が行われるなど、複合施設ならではの活動が行われている。

第 4 章　社会教育施設の経営

③ 新しい施設ネットワーク──自前主義からの脱却

近年、ネットワーク型行政の展開と実質化が声高に叫ばれる中、社会教育施設は、これまで以上に社会教育施設間のみならず、社会教育施設以外の公共施設間・企業・NPO などとの間に、連携・協働のためのネットワークを構築していくことが求められている（詳しくは第8章）。

サークル活動が活発な地域では、公民館の会議室の稼働率が高く、定期的に借りることが困難な事例もみられる。このような地域では、社会教育施設の他、学校の余裕教室や当該地域に存在する公的部門の会議室などを活用し、公民館利用者に開放することで問題は解消されるかもしれない。企業や町内会などの施設も学習の場となりうるし、音楽活動であれば民間のカラオケボックス、夜間営業のカラオケバー（カラオケ設備がある飲食店）と連携するなど、アイデア次第で学習の場の確保は可能である。

読者の中には「昼間は営業していないカラオケバーを借用するなんて」と思う方もいるかもしれないが、法令に則って行う行為であれば、それ自体に問題はない。これまでの「常識」の殻を打ち破り、社会教育経営のフロンティアとして、地域に存在する学習資源となる可能性を持ったあらゆる機関や施設を開拓していくことが重要である。

地域の課題解決に向け、いわゆる「自前主義」から脱却し、あらゆる関係者と連携・協働を行うことが重要である。福生市公民館における市民協働、NPO や福祉事務所との協働の取り組み（**事例7**）は、持続可能な社会づくりに大きく貢献し、非常に参考となる実践である。

注

1）本章では社会教育施設を、社会教育調査の対象である公民館、図書館、博物館、青少年教育施設、女性教育施設、劇場・音楽堂、社会体育施設、生涯学習センターとする。

2）佐藤全『教育経営研究の現状と課題──社会科学として知識体系を再整理するための議論の誘発をめざして──』日本教育経営学会紀要第38号、日本教育経営学会、1998年、p.84。

3）琴坂将広『経営戦略原論』東洋経済新報社、2018年。

4）三隅二不二『新しいリーダーシップ──集団指導の行動科学』ダイヤモンド社、

1966 年。

5 ）田尾雅夫「NPO・ボランティア活動の経営管理」（pp. 110-111）、川口清史・田尾
雅夫・新川達郎編『よくわかる NPO・ボランティア』ミネルヴァ書房、2005 年。

6 ）中央教育審議会答申「人口減少時代の新しい地域づくりに向けた社会教育の振興
方策について」2018 年。

7 ）内閣府 web ページ「PFI とは」https://www8.cao.go.jp/pfi/pfi_jouhou/tebiki/
kiso/kiso01_01.html（アクセス：2019.5.20）。

8 ）港区立芝浦アイランド児童高齢者交流プラザ web ページ https://www.
tokyoymca.org/childcare/aipla/（アクセス：2019.5.20）。

確認問題

(1) 社会教育施設の経営戦略とは何か、説明しなさい。

(2) 社会教育施設の館長に求められる役割は何か、説明しなさい。

(3) 社会教育施設におけるファンドレイジング手法について説明しなさい。

より深く学習するための参考文献や資料

• 鈴木眞理他編著『社会教育の施設論：社会教育の空間的展開を考える（講座転形期
の社会教育)』学文社、2015 年（社会教育施設のこれまでの経緯、現状、管理運営、
課題について理解を深めることができる）。

• 国立教育政策研究所社会教育実践研究センター編『社会教育計画ハンドブック』国
立教育政策研究所社会教育実践研究センター編、2009 年（社会教育計画について幅
広く学べるテキストである。社会教育施設の経営についても詳しい）。

• 全日本社会教育連合会企画『社会教育』日本青年館、「月刊社会教育」編集委員会編
『月刊社会教育』国土社（社会教育に関する学術情報、実践情報などを得ることが
できる月刊誌である）。

事例 7　持続可能な地域をつくる福生市公民館の挑戦

1　公民館における市民協働

　中央教育審議会答申「新しい時代を切り拓く生涯学習の振興方策について」
（2008年）によると、今後の社会の有り様は、「知識基盤社会と持続可能な社会
による知の循環型社会」である。さらに、同答申「人口減少時代の新しい地域
づくりに向けた社会教育の振興方策について」（2018年）では、人口減少やコミュ
ニティの衰退を受け、それぞれの地域は「社会教育を基盤とした人づくり・
つながりづくり・地域づくり」に取り組むべきとのことである。しかし、これ
らについては懸念すべき点が散見される。

　かつて臨時教育審議会（1987年）が「生涯学習体系への移行」を強く提唱し、
文部省が民間教育産業に「市場開放」してきた経緯がある。以降、生涯学習は
各人が自発的な意志に基づき、必要に応じ、可能な限り自己に適した手段及び
方法を自ら選びながら生涯を通じて行うものであるとされ、地域と地域課題と
は関係の薄い個人の嗜好を中心とした学びとして進展してきた。

　しかし、今日の地方自治体が抱える人口減少・少子高齢社会、経済のグロー
バル化による地域経済への悪影響、貧困、財政逼迫などの多種多様な課題を受
け、生涯学習での学びの成果を地域に還元することを期待されても、行政と協
働して地域づくりを担える人材が豊富に存在するとは考えにくい。

　他方、社会教育は住民の主体的な学びを前提とし、特に公民館では地域住民
が学び合い、交流し合い、連帯し合うといった相互学習スタイルにより、地域
づくりの主体を形成する拠点としての役割を果たしてきた。そして今日、地方
自治体が抱える様々な課題を解決し、持続可能な地域づくりに果たす公民館の
役割を再定義する必要性を、地方自治体内部からも求められている。

　今後の社会教育、特に公民館の役割とあるべき姿を見いだすためには、それ
ぞれの地域での公民館の出発時の理念と今日の社会的な背景、人口や産業構造
及び生活環境などをふまえ、住民同士による多方面からの対話を元に新たな方
向を生み出す取り組みが必要と考える。そのため、この小論では東京都福生市
公民館を事例とし、職員の役割と事業の意義が明瞭な事業として、NPO法人
及び福祉事務所ケースワーカーとの協働の取り組みを検討する。

2　NPO法人との協働の取り組み

　福生市公民館では、福生市内のNPO法人「自然環境アカデミー」と協働し、子ども対象の自然体験学習事業に取り組んでいる。実施目的は、野外で仲間と共同で体験するとともに、自然の仕組みや働きを実際に観察し、コミュニケーション能力の向上を図り、自然と私たちの日常生活の関係を考える機会を提供することである。毎年、企画段階で子どもたちを取り巻く現況を把握・分析し、情報を共有して具体的なプログラムづくりを行っている。野外での活動全般についてはNPO法人メンバーが指導助言している。

　自然環境アカデミーは、「福生自然観察グループ」という市民団体が母体となり、2001年11月に設立された。この市民団体は、1973年に成人式を迎えた青年のうち、環境に関心を持つ者たちが身近な自然を観察する活動を始めたものである。その後、1977年から開始された公民館主催の自然観察会、夏休み自然教室やたんけん教室といった、自然体験学習を主とする事業に参加していた市民が加わり、市内や近隣を中心に自主的な観察活動を展開し、2001年の自然環境アカデミーの設立に至った。

　小中学生の時に公民館主催事業に参加していた子どもの中には、この自然観察グループに加わって野鳥に関する専門的な学びを継続し、野鳥に関しては学術調査を行えるだけの力量を持つ市民にまで育った者もいる。

　複数の市民が専門的な力量を形成できた背景には、公民館が野鳥の調査や観察指導を行う高校教諭や生物学の大学教授、小学校理科教諭や市内在住の水生生物研究者による指導スタッフ集団を形成したことが挙げられる。それにより、小学生から環境保全に興味や関心のある大人までを対象に、系統的で継続的な環境学習を支援する態勢ができた。その結果、地域の環境に関心と当事者意識を持つ市民が多数生まれ、公民館事業と並行して市民団体としても、自主的に継続的な学習活動を展開した。

　この事業実践は、一人の公民館職員が20年以上継続的に取り組むこ

自然観察指導風景

事例7　持続可能な地域をつくる福生市公民館の挑戦　｜　69

とによって地域の環境問題を学習課題に位置づけ、その解決のために活動する市民からの求めに応じた最適な学習環境を醸成する役割を果たしたものと言える。

また、福生市は 2004 年に環境基本計画を策定したが、計画を作成する前段階として、2003 年に実施された市民参加による基本プランづくりには、多数の自然環境アカデミー会員が積極的に参加し、プランづくりをリードした。

同法人は学校教育の領域でも、市内や近隣の小学校での自然観察指導はもちろん、福生市環境課と協働して「福生水辺の楽校」にも取り組んでいる。

3　福祉事務所ケースワーカーとの協働の取り組み

福生市公民館松林分館主催事業の識字学級「ことばの会」は、1986 年から約17 年間、毎週継続して実施された、福祉事務所のケースワーカーとの協働の取り組みである。

日本人として生まれ育ったにもかかわらず、日本語が読み書きできないという人は現在でも存在しており、「夜間中学校」や公民館などで自主的に日本語を学習している人もいる。

公民館職員がケースワーカーからの相談により、元小学校長の協力を得て「ことばの会」を開始するが、すべて手探りの状況であったとのことである。「ことばの会」に参加した人々の参加理由の第一は、小中学生時代に貧困のため、学ぶ機会を失っていたことである。担当職員は、「日本語と文字を獲得することにより、その人の人生を主体的に選び取っていく力を確実に獲得し、自分自身の世界を広げていく力を獲得していく」「文字を学ぶということは、まさしく生きていくためにもっとも必要な基本的な権利の一つです。その場を公民館が公的に保障していくことは、重要な課題の一つです」と述べている（加藤有孝「公民館における識字学級の実践について」『月刊社会教育』2 月号、国土社、1991年、pp. 30-36）。

住民の学習を支援する役割を持つ公民館職員には、常に他の部局の職員とも情報を交換および共有し、少数であっても市民が抱える課題を市民の主体的な学びによって解決に至るよう、多様な方法で支援する役割がある。今後の公民館の役割として、生きる力を形にするための学びを必要としている人々に対し、基本的人権の視点から取り組むことが必要ではないだろうか。

4 成果と課題—持続可能性を視野に入れた今後の公民館運営—

　福生市公民館は、NPO法人の公民館利用や販売物への対応など、これまでの公民館での対応を超える事案について公民館運営審議会に諮問し、2000年に答申を得ている。また、2006年以降、公民館の事業評価についての取り組みを職員集団で行い、福生市独自の評価システムを構築している。

　これらの取り組みは、社会教育に関連する法律や福生市の総合計画、教育振興基本計画と連動しているが、現在、国連の「SDGs17の目標」、政府が掲げる「日本自身の課題に関係が深い目標の例」、文部科学省の「ESDで育みたい力」なども踏まえ、事業の幅を広げる取り組みに着手している。

　今後の社会教育や公民館が進むべき方向は、地域社会に当事者意識を持つ住民やNPO法人との協働による「学びを通じた個人の自立と『絆』の再構築」をもとに、「知の循環型社会の構築を実現すること」と考える。特に、公共課題に関する学習支援を中心とした取り組みにより、持続可能な社会の実現に寄与することが重要と考えられる。

伊東静一　元福生市公民館長。1979年に福生市公民館職員となり、2013年3月に退職するまで公民館に29年、社会教育課に2年勤務。公民館では、地方自治や環境領域の事業を中心に担当。

事例8 地域課題の解決に取り組む沖縄県那覇市若狭公民館

1 小さなコミュニティを育む公民館

　沖縄県那覇市には、市立の小学校36校、中学校17校に対して公民館は7館しかない。若狭公民館はその1つである。若狭公民館エリアを含む那覇市本庁地区の自治会加入率は、15.5％と低く、生活保護率は6.2％（全国1.71％）と高い。県内有数の歓楽街を有しており、那覇市内の夜間保育園のほとんどがこのエリアに集中している。全生徒の過半数がひとり親世帯という学校もある。さらに在住外国人の急激な増加に伴う地域住民との軋轢^{あつれき}があるなど、地域課題は山積している。

　このような地域の状況では、課題を抱える人の存在は見えづらく、従来型の地縁組織を前提とした公民館活動だけでは、これらの人々へのアプローチが難しい。サイレント・マイノリティ（課題を抱えながらも声をあげられない住民）も視野に入れた取り組みによって小さなコミュニティが複数生まれ、それぞれが自治的に活動しながら少しずつ重なり合い、公民館を中心に有機的につながることが住民のセーフティーネットとしての社会基盤形成が可能になるのではないか。

　このような問題意識から、那覇市若狭公民館では公民館に固有の「楽しさ」を中心に据えながら、地域課題・社会課題に対応する自治的な小さなコミュニティを育むため、多様な機関・団体と連携しながら事業に取り組んでいる。

2 多様な人々へのアプローチ

(1) 情報発信の工夫と努力

　都市化に伴う住民のライフスタイルの多様化や地縁組織への加入率低下を踏まえると、従来どおりの情報発信では公民館の取り組みは伝わらない。

　若狭公民館はホームページをリニューアルし、写真やイラストの活用と親しみやすいデザインを心がけた。ブログ、ツイッター、フェイスブック等のSNSの活用、メールマガジンの発行にも力を入れている。

　他方で、インターネットになじみのない人々も多いため、広報誌も工夫して

72 ｜ 第2部　社会教育行政の経営

いる。公民館情報の他、地域の魅力（人・出来事・歴史）を紹介し、カラーで
13,000部を発行、近隣の小学校6校、中学校2校の全児童生徒に配布する他、
新聞販売店10店舗から無料配布の協力を得ている。広報誌への協賛広告も募り、
印刷費用のすべてを広告収入で賄っている。

⑵ 公民館になじみのない市民へのアプローチ

　前述のように、地縁コミュニティの希薄化により、サイレント・マイノリテ
ィが多い。既存の統計データを確認し、地域を歩き、人から話を聞き、様々な
情報を集めることで、その課題が浮かび上がってくる。下記のように、公民館
に足を運ぶことの少ない層への取り組みを充実させることで、また新たな展開
が生まれてくる。

① おかず一品持ち寄り「朝食会」

　青年層を対象としたイベント企画づくりワークショップ（以下、WS）から、
「おかず一品持ち寄り『朝食会』」が誕生し、毎月1回、10年以上開催している。
事前申し込み不要で参加できる気軽さと「ゆるさ」が特徴だ。さらに、この
「朝食会」で、普段あまり使われていない緑地公園を活用したい、という声が
あがり企画したのが『100人でだるまさんがころんだ』である。こうして、青
年層が中心となって企画運営し、参加者にも運営に参画してもらいながら、緩
やかな体制で事業を連鎖的につなげている。

② シングルマザー対象の子育て講座

　歓楽街という地域特性から生まれたのが、シングルマザー向けの子育て講座
である。彼女たちが公民館の子育て講座に足を運ぶことはほとんどないため、
当事者団体「しんぐるまざあず・ふぉーらむ沖縄」との共催で、シングルマザ
ー向けの乳幼児学級を開催した。講座をきっかけに上記団体に入会した人もお
り、その後も若狭公民館で当事者支援の定例会、支援者向けの研修会を企画開
催し、ひいては政策提言にまで発展した。

③ 在住外国人との交流企画

　在住ネパール人による「沖縄ネパール友好協会（ONFA）」との共催により、
近年急増しているネパール人との文化交流のイベントを開催した。これは『ネ

事例8　地域課題の解決に取り組む沖縄県那覇市若狭公民館　73

パールの家庭料理教室』の新規開催、地域のお祭りでのネパール料理の屋台出店やネパールの歌・踊りの舞台出演にもつながった。さらに、公民館における留学生の自主企画活動、日本語学校との共同企画による異文化交流型の防災イベントなど、新たな展開も生まれている。

④ 地縁組織の枠を超えた防災イベント

　若狭公民館エリアは海沿いの地域のため、東日本大震災以降、地震や津波に対する不安が募ってきた。そこで、何回か防災講座を設けたものの一般市民の参加が少ないため、阪神淡路大震災の被災者インタビューをもとにつくられた「イザ！　カエルキャラバン！」の沖縄版を開発した。そうして生まれた「リッカ！　ヤールーキャラバン！」は、おもちゃの交換会と防災体験プログラムを掛け合わせたものである。これには、地縁組織、行政、防災・青少年育成・まちづくりに興味のある市民、学生サークルや大学のゼミなど、多様な主体が得意分野を生かして参加している。

⑵　多様な事業企画の後押し

　専門性を生かして地域社会に貢献したいと考える人・団体も多い。若狭公民館では、そのような想いを実現するため、ユニークかつ創造的なプログラムの企画のお手伝いをしている。それを広く発信することで共感を呼び、協力者の輪が広がっている。

　例えば、無料英会話教室「ELIPO」は、就学援助世帯及びひとり親世帯の児童生徒を対象としている。これは、不登校の経験のある人が、自身の得意な英語を通して、子どもの学ぶ意欲と自己肯定感を高める活動をしたいと考え、公民館に相談に訪れたことから始まった。現在は共催事業として毎週土曜日に実施しており、４年間継続している。

　その他、映画会社との協働による子ども参画型（子どもがスタッフや審査員になる）の国際映画祭、交響楽団とのコラボによる音楽を通した子どもの居場所づくりなどにも取り組んでいる。

　このような取り組みを情報発信することで、さらに多様な主体とつながり、活動が広がっている。事業企画の多様な相談に寄り添い、背中を押すことによって、また新たな展開が生まれるという好循環が生まれている。

3　遠隔地域へのアプローチ

　那覇市曙地域は、若狭公民館の所轄エリアにありながら徒歩約1時間の距離にある。そこで開発したのが、移動式屋台型公民館「パーラー公民館」である。「パーラー公民館」は、公民館を"施設"ではなく"機能"として捉え直し、地域の人が集い、ともに学び、出会った人が結ばれて、地域で渦巻く生活課題を解決するための場づくりを行う最小限の装置である。黒板のテーブルにパラソルを配置し、「つどう・まなぶ・むすぶ」機能を実現させる。

　「パーラー公民館」では、日常はおしゃべりを中心とする交流の場を提供し、そこでの情報の集積や人のつながりを生かし、月に1回程度、新たな視点の獲得を目指したワークショップを実施する。これにより、従来あまり接点のなかった子どもや高齢者の交わる機会が増えるとともに、地域にある様々な資源（人・団体・取り組み）が顕在化した。施設を持たない公民館という珍しさがマスコミでも報道され、曙地域の住民の誇りにもつながっている。

4　職員の力量向上に向けて――ロジックモデル作成の手引書

　2015年度に行った沖縄県の公立公民館対象の独自調査からは、専門知識や経験豊かな職員の不足によって課題解決型の学習の企画立案が難しいこと、職員の異動によりノウハウの蓄積や事業の継続性が難しいことがわかった。

　そこで、地域課題に即した事業の企画から評価までを適切に行えるよう、公民館職員が地域課題に即した事業を企画し、評価までを行えるようにロジックモデル作成の手引書「企画づくりのじゃばら手帳」を開発した。これは、事業を企画する際の思考の流れに沿って構成され、手帳に記入しながら課題設定から事業企画、評価までを客観的に把握できるようデザインされている。企画への想いや推移が記されるため、引き継ぎ書としても活用できる。

　このように、担当者や運営体制が変わっても継続して取り組んでいくことができるように模索している。

宮城潤　那覇市若狭公民館館長（2006年に社会教育指導員として若狭公民館に勤務）、その後非常勤館長、一部業務委託団体事業責任者を経て、指定管理者制度導入に伴い指定管理者（NPO法人地域サポートわかさ）の館長となる。

第2部のおわりに

　第2部は、社会教育の活性化に向けた社会教育行政の役割、社会教育施設の経営について検討してきた。

　第2部で取り上げた事例は、どの事例もこれまで「常識」と思われてきたことを「常識」とは捉えず、その殻を破ることによって新たな事業や関係性を創出してきたといえる。

　これはまさに「イノベーション（innovation）」である。

　経済学者のシュンペーターは、イノベーションを創造的破壊（既存の価値を破壊し新しい価値を創造）と位置づけ、経済発展には欠かせないとする（シュムペーター『経済発展の理論』（塩野谷祐一、中山伊知郎、東畑精一訳）岩波文庫、1977年）。

　社会教育経営においても、既存の価値を破壊し、これまでの常識を打ち破ることによって、新たな可能性が創出される。そして、いつしかそれらは「コロンブスの卵」のように、社会教育経営にとって当たり前の行為、手法となるのではないか。

　事例に目を向けると、社会教育あふれる長野県づくり（**事例5**）におけるショッピングモールを拠点としたシニア世代へのアプローチ、東京都北区立文化センターの「地域理解講座」（**事例6**）における民間企業である指定管理者と地域との連携による地域活性化、持続可能な地域をつくる福生市公民館の挑戦（**事例7**）におけるNPO法人や福祉事務所との協働による持続可能な地域づくり、地域課題の解決に取り組む沖縄県那覇市若狭公民館（**事例8**）におけるSNSなどを活用した情報発信や「ゆるさ」、緩やかな体制で事業を連鎖的につなぐ事業、パーラー公民館など、どの事例も従来の社会教育の枠組みを超えたユニークな取り組みである。

　これらの実践は、社会教育行政のイノベーションであり、社会教育経営のフロンティアである。

　本書の読者も、社会教育経営のフロンティアとして新しい可能性を探り続ける存在となることを期待したい。

第3部　地域人材が育つ社会教育

　第3部では、地域づくりを支える人材を地域人材と呼び、そうした人々を育成するための具体的な方法と、社会教育におけるコーディネートについて、その具体像を提示しながら論じることとする。
　地域づくりを支える人材は、多様に存在する。地域づくりは、組織化の主体となるリーダーだけでなく、特定の分野に関する知識と経験を持つ専門家、多様な領域や地域住民との強い結びつきを持つ人々などによって進められている。そうした人々が出会う場の1つが講座やセミナーであり、公民館の様々な事業である。
　教育委員会、公民館、社会教育関係団体などが提供する講座やセミナーなどでは、地域づくりに必要となる人材を意図的・計画的に育成している。地域課題や現代的課題だけでなく、地域の自然、歴史や文化、趣味、特技を生かして培った知識や人脈といった様々な資源が、地域づくりに生かされている。
　同時に現代の地域づくりは、課題やテーマが複雑化・専門化しているため、多様な主体間の連携・協働なくしては、なしえないものとなっている。制度や仕組みを超えた連携・協働は容易なものではない。しかし、それらをのり越え、ひと・もの・ことをつなげて、人の気持ちや心を揺り動かし、お互いが対等な仲間であることに気づいていくコーディネートによって克服できそうである。

栃木県鹿沼市の北光クラブで、子どもたちが地域の人々とお琴の練習をしている様子（事例12）

第5章 地域づくりの担い手を育む

住民主体の地域づくりの必要性が高まる中、その担い手育成は喫緊の課題となった。地域づくりの中核は組織化された住民であり、講座やセミナーを契機に人々を組織化していくのが社会教育の重要な営みである。ここでは、社会教育と地域づくりの関係に注目しながら、担い手育成の方策と社会教育におけるコーディネートについて学ぶ。

キーワード 地域づくり、地域人材、社会教育、主体形成、組織・団体

1 地域づくりと学習

（1）地域づくりとは何か

　地域づくりも社会教育と同様に複雑な形態を持っており、人により理解が異なる言葉である。本章での地域づくりとは、住民の生活に係わる地域の課題の解決、人のつながりを創り出すことなど、日常生活を気持ちよく豊かに営まれるように「変える」活動のことを指す。そこには住民主体や住民主導、住民自治が含意される。

　地域づくりの具体的な内容は、時代の潮流と地域によって異なり、その時の政策課題に影響されることもある。規準や規則があるわけではない。地域づくりの具体的な活動としては、例えば**表 5-1** のような事象を挙げることができる。

　表 5-1 に示すとおり、地域づくりにおいては、意図的に人のつながりを創り出すために様々な行事や暮らしの仕組みをつくり、地域の人々が交流しやすくする。また、地域づくりの実際の活動は、「団体やグループ」が中核をなしている。そのため、行政が行う地域づくり支援事業の補助金交付先は、「個人」ではなく「団体」になる。地域づくりの主体は組織化された住民といってよい。

　ただし、実際の活動の中ではそれを強く牽引する個人の存在が含意されて

78 　第3部　地域人材が育つ社会教育

表 5-1　地域づくり活動の例

① 地域の人々が出会い、語り合い、触れ合う場となるような祭りや運動会、コンサート、演劇や伝統芸能などのイベントの開催
② 地域を知るための地名や歴史の学習、文化財マップや事典づくりなど地域学や地元学といった地域を理解するための学習や調査活動
③ 安心して暮らせるように住民自らが行う夜の見回り、防犯・防災活動
④ 伝承野菜や海産物などの地域資源を再評価し特産品にするような地場産業育成や商品開発
⑤ 学校の活性化や地域の子どもたちの健全育成を目指す活動
⑥ 商店街の活性化のために空き店舗のリノベーションによる創業支援やバル（南欧でお酒も出す軽食喫茶）、マルシェ（仏語で市場）、100 円商店街などの賑わいづくり

いる。しばしば地域づくりで優れたリーダーの存在がクローズアップされるのは、団体を支える個人の存在が大きな役割を果たすからである。そのような個人が、最も中心的な地域づくりの担い手である。そのため、講座やセミナーのあとで意図的計画的に修了者がグループとなるように手助けをするのであり、同時にリーダーとなる個人に働きかけることが行われる。そして、そのようにして生まれた団体が地域づくりに向かうのである。

（2）学習活動の重要性

こうした地域づくりには、どのような活動であっても、関係する住民が講演を聴いたり、視察したり、交流したり、体験したり、話し合ったり、学び合ったりといった学習活動が介在していることが多い。こうした学びを組織化するのが社会教育である。地域づくり活動には、自ら主体的に学び、知識や技術を身につけて自分を高めていこうとする営みや、地域課題・生活課題に関する学習が存在する。こうした丁寧な学習活動の蓄積によって、人々の意識や行動が変容する。いわば、自分が自分の住む地域をよりよいものにするのだという自覚と覚悟が生まれる。したがって、しばしば「地域づくり」は「人づくり」（主体形成）と言われるのである。

地域づくり自体は前述したように多様な活動を指す言葉であるが、地域のことを知らなくては、課題解決どころか課題の発見すらできない。まず地域のことをよく知るための学習活動が必要になる。講師を招いての講演もあれば、現地見学や自分たちで調査する活動もある。学び合いや話し合いの活動もある。また、課題が見つかり解決しようとする際にも、関係者の意識啓発

第 5 章　地域づくりの担い手を育む　79

や活動内容についての学習が断続的に行われるのは必然のことである。

　このように、学習活動の全く介在しない地域づくりはほとんど存在しない。学習活動は地域づくりの「必需品」であることがわかる。地域づくりの内容を決め、活動の質を高めるのに欠かすことができないものである。

　福井市の円山公民館では、地域課題解決のための相互学習の場である「住民座談会」を開催している。広報誌を編集するために住民で構成された円山広報委員会がその座談会を録音し、編集する作業を担っている。それ自体が既に地域課題に関する深い学習になっているのである（**事例10**）。

　社会教育は自発的な教育・学習活動によって自分を高める自己教育とお互いから学び合う相互教育という側面を持っている。地域づくりの活動は、課題に関する学習、調査研究、企画立案、関係者による組織化と役割分担、合意形成、普及啓発、活動後の反省や評価、次回の計画づくりなどから構成される。その一連の活動には、常に実践から学び、学びから実践へと向かう、という往還が成立している。

　地域づくりには、偶発的な学習や意図していない学習なども混在する。実践を通じて意識が変容し、学習の必要を自覚する場合もある。このような団体の学習ニーズに応えるとともに学習を誘発するのが社会教育行政の支援の1つである。

2　地域人材と地域づくりの担い手

(1) 学校教育における「人材活用」

　「地域人材」という言葉も多様に使われている。学校教育では、「地域人材の活用」というと、「地域の人々の協力を得て、その経験や能力を発揮してもらい、学校の学習活動を改善し、活発化を図ること」[1]と説明されている。主として教師の知識・経験を超える有用な専門的知識や経験を持ち、授業の一部を担う人々が「地域人材」と呼ばれる。これは主体性や自発性が前提となる学校支援ボランティアとしばしば混同される。「地域人材」は、あくまで教師主導で計画され教師の依頼に基づき、教育活動の一部を担う人々であり、主体性・自発性を前提としない。学校にとって有為な人材を「活用す

る」という意味で使用される場合が多く、自発性を基本とするボランティアとは似ているが概念上は異質なものである。しかし、地域人材としての活用を契機として、自発的な学校支援ボランティアに変化していく例もみられる。

(2) 多様な地域人材

　この他に、長年にわたり人知れず調査を継続してきた地域に住む研究者・知識人、地元の歴史や文化に精通する郷土史研究家など、地域社会には職業や生業だけでなく、趣味や特技を生かした活動を継続して、知識や経験、人脈を蓄積している人々がいる。このように、極めて私的なものとして理解されやすい趣味や教養を高める活動や、自分の興味・関心を継続させて特定の領域や分野で知識や人脈を蓄積する活動を行ってきた人々が、時に地域社会で必要とされ、人のつながりをつくり出し、課題解決に貢献するケースもみられる。一見、課題解決とは無関係にみえる人々も「地域人材」として捉えることができるのである。

　このように「地域人材」とは、使用する主体や文脈によって理解が異なる言葉である。地域づくりでは、こうした多様な地域人材をコーディネートして生かしていくことが必要である。これまで社会教育では、多様な地域人材を育て、生かしてきた蓄積がある。

(3) 地域づくりの「担い手」

　ここでは、自分の意思・判断に基づいて地域づくりを担う人々を地域人材と呼び、その育成に着目し、社会教育との関連に留意しながらみていく。

　地域づくりの担い手とは、具体的には**表5-2**に示したとおりである。**表5-2**のすべての要件を満たすのではなく、それらを目指そうとする人々やそ

表5-2　地域づくりの担い手の例

① 　地域や生活の課題を自ら発見し、
② 　役割を決めて関係者を組織化し、
③ 　学習活動を基軸として、楽しみや喜びの要素を取り入れながら、
④ 　学習と実践の省察を習慣化し、
⑤ 　自分の意思・判断に基づいて、人のつながりをつくり出し、課題を解決しようとする人々

の自覚と覚悟を持った人々である。それは単に団体リーダーだけを指しているのでなく、メンバーとして参画し行動する人、前述したように地域の課題や様々なことに関して知識・経験・人脈があるような人材をも指す言葉である。知識や経験に基づき的確な助言をする人、人と人とをつなぐ人、あるいはそれらの人材や機関・団体を紹介してくれる人々も、重要な担い手である。

(4) 担い手（主体）の形成

　こうして自分の意思・判断に基づき、組織や活動の担い手となる自覚と覚悟を形成する営みを「主体形成」という。「主体」は各種の地域づくり実践の中で「形成」されるだけではなく、自治体や公民館で行われる講座やセミナーなどの社会教育の場でも「形成」され、そうした「主体」を中心に地域づくりが展開される。

　社会教育の中核をなすのは、自分をより高めることを目指して主体的に参加し、自由に行う学習活動とそれを後押しする営みである。暮らしや地域の困りごとや心配ごとを一人で悩まず、専門家の話を聴き、現場を見て体験し、読書し、展示を観覧するなどして学び、自ら解決の糸口を見つけ、自分に解決する力があることに気づくのである。そして、その困りごとが一人だけの問題ではなく、みんなの問題、地域の問題でもあることに気づき、お互いの経験を語り合って解決していく。そのためには団体やグループになることが選択される。あるいは一人だけでは解決できないことに気づき、人のつながりや絆を求めて講座やセミナーに参加し、より強固なつながりを求めて組織化していく。団体になればお互いがお互いを必要とする心地よい人間関係、あるいはお互いの苦しさを分かち合える仲間がつくられ、困りごとの解決も容易になる。そして、自分たちの課題を自分たちで解決できる力量を形成していくことが展望される。

　このように自分たちの地域の課題に気づき、関係者を集めて組織化して、解決のための方策を考え、課題の解決に向けて実行する力を自治能力という。社会教育には住民の自治能力を培い、地域づくりの担い手を育成する役割があると考えられ、それを通して地域社会の発展に寄与することが求められる。同時に地域づくりの担い手となる主体的な意思と、組織化や課題解決する力

量の形成を目指す学習活動の側面も持っている。ここで重要なことは主体性であると考えられる。地域づくりを自ら担うという自覚の中から主体が形成される。

しかし、一緒に講座に参加したからといって、単純に仲間づくりや組織化ができるわけではない。そこには、社会教育主事などが丁寧に寄り添い、求めに応じて組織化に向けて伴走することが必要なのである。

一方、現実には必ずしも、前述のように社会教育の講座やセミナーだけを契機としてグループができて地域づくりの担い手が育成されるわけではない。社会教育以外の様々な契機によって人々が組織化され、地域づくりに向かうケースも多い。例えば、災害ボランティアや実際の地域活動にともに携わった仲間が、学習活動を媒介とせずにグループ化されることもある。このように、社会教育を契機としない地域づくり団体も数多く存在するのである。それでも、組織化された団体の学習ニーズを受け止め、適切な助言、活動の場や学習機会の提供など、社会教育行政が担うべきことは多い。それゆえ、何よりも社会教育主事が丁寧に寄り添うことが肝要である。

3 担い手はどのように育まれるのか

(1) ましこ町民大学の事例から

地域づくりの担い手育成を意図した学習プログラムは各地にみられるが、ここでは栃木県益子町の「ましこ町民大学」を取り上げることにする。

① ましこ町民大学の概要

ましこ町民大学は、1998～2001年の4カ年（1期～4期）にわたって開設された、地域づくりの担い手を育成する学習機会である[2]。なお、2017年に5期として再開し、8期まで開催される予定である。

1期22回の講義・演習からなる連続講座になっており、2001年までの4カ年に119名が修了した。1期の修了後、修了者が自分たちで「ましこ町民大学大学院悠楽塾」を立ち上げた。これは「学習した成果を生かして地域づくりを進めることこそが大学院としての学びだ」という趣旨で設立されたも

第5章 地域づくりの担い手を育む 83

のである。

1期〜4期では、演習で政策提言書を作成して町長に手渡し、5期〜8期では、地域づくりのアクションプランを作成して実行するというプログラムである。

表5-3 ましこ町民大学のプログラム

回数	テーマ	内　容
1〜5回	まちづくり入門	主として大学教員による理論の講義
6〜16回	まちづくり基礎	役場職員による政策課題の講義
17〜22回	政策提言作成演習	政策提言演習とまちづくり実践の事例研究

政策提言書の作成では、受講者自らが陳情書や要望書にしないための原則を貫いてその質を高めた。特に行政の役割や責務とともに住民の役割や責務を明らかにした提言となり、町行政としてもこうした提言を取り入れた予算要求や施策の展開に尽力するとともに、長期計画にも反映させることなどで対応することになった。アクションプランは5期修了者が翌年に修了者主催の活動報告会を開催し、具体的な活動を展開するようになったものである。

② 修了者の組織

ましこ町民大学大学院悠楽塾は、第1期の修了者有志28名で自主的に設立された。これは、修了者が町民大学で学んだことを発展させる形でつくった、10の小グループの連合体として存在している。その後、2期〜4期の修了者のうち52名がメンバーに加わった。この20年の間、各グループは毎年増減を繰り返し、2018年度時点で10グループが活動している。各グループの代表者などで構成される運営委員会（年6回開催）が運営し、毎年5月に開催される総会では、前年度の各グループの活動をまとめた活動報告書が提出されている。この他に塾報が年6回発行されている。

事業としては、各グループの自主的な活動の他、悠楽塾全体として、町長との懇談会、町議会議員との懇談会、各種講演会や研修旅行などの学習活動、町内の地域づくり事業への支援が行われている。他に、行政や地域の団体との協働による事業支援が行われており、一定の評価を得ている。また、悠楽塾の代表者は周囲から推されて町議会議員となっている。悠楽塾のもう1つ

の特徴は、ましこ町民大学の修了者を核にしてはいるものの、修了者以外の町民も会員として受け入れていることである。会員数は2002年の79名をピークにして次第に減少し、2012年には48名にまで減少したが、2017年に再開されたましこ町民大学の5期修了者有志が加わり、2018年度には62名となっている。2018年で20周年を迎えている。

③ 担い手育成の留意点

ましこ町民大学がこのように地域づくりの担い手育成に貢献できた要因として、下記の諸点を挙げることができる。

第1に、20回を超える講義・演習の蓄積である。半年にわたる長期間の学習と丁寧なふり返り・演習による政策提言書づくりなど、町の行政全体を俯瞰するような学習プログラム、理論的な学習、そして、学習者間の相互学習を促進することになった演習である。

第2に、学習者の自己学習を促す様々な仕掛けである。自分たちの提言書の質を高めるための条件を自らに課すことによって、行政側で用意した演習日程だけでなく、自分たちで自主的に集まる話し合いが積み重ねられた。こうして主体的に考えて学習するという経験が蓄積された。

第3に、提言を形骸化させずに市民の声として受け入れるという「覚悟」が行政にあったことである。このことによって住民は行政を信頼し、協働への道筋ができたのである。

第4に、規定の回数を出席した修了者を「町民学士」として登録し、各課で委嘱する各種委員としての活動の場を保障したことである。これは、生涯学習課が各課の依頼に応じて、委嘱内容に合う修了者を推薦する仕組みである。

第5に、悠楽塾への参加の機会が、修了者のみに閉鎖されず広く一般町民にも提供されたことである。こうした柔軟な組織運営によって20年にわたり団体を維持継続することができた。

第6に、悠楽塾の全体活動として、学習と親睦を重視していたことである。町内の地域づくり事業に率先して参画して汗を流す活動のみならず、会員の親睦・交流・学習の機会を多く提供して、楽しみや喜びを共有する仕組みを維持していた。

第7に、悠楽塾に所属する小グループの活動への参加者は悠楽塾内の他の
いくつかのメンバーにもなっているということである。一人が複数のグルー
プのメンバーでいることによって、グループ間の情報の伝達が容易になり、
他の事業への参加者も増加するというメリットがある。

　第8に、悠楽塾自らが長年にわたり、ましこ町民大学の再開の提案を継続
し、2017年に再開にこぎ着けたことである。そして、これまで町民大学を修
了していない悠楽塾のメンバーが、町民大学で学習をスタートさせている。

　地域づくりの担い手を育成するには、単なる学習機会の羅列ではなく、意
図的計画的な学習プログラムを行政全体で支える戦略が必要である。2014
年に制定された「益子町まちづくり基本条例」[3]には、「第12条　3　私たち
は、社会教育を推進し、まちづくりに参加できる担い手を育成するよう努め
なければならない」という条文が掲げられている。まちづくり条例に「社会
教育」が明確に位置づけられた数少ない事例である。益子町ではこの条例に
基づき、町民大学が開設されているのである。

(2) 地域づくりの担い手の育成の視点

　地域づくりの学習では、しばしば「先進事例」から学ぶことが企図される。
そして、先駆的とされる実践を持つ団体リーダーや行政職員の講演を聴くこ
とが選択される。しかし、地域づくりには自然条件だけでなく、歴史的文化
的条件が大きく影響する。伝統的な風土や気風、生活様式などは地域によっ
て違いがある。こうした違いを乗り越える学習が工夫されているだろうか。
さらに、何年もかけて失敗と成功を積み重ねてきた先進事例のノウハウを、
どうして一夜にして安直に手に入れることができるのだろうか。ただ先駆的
な事例の関係者から話を聴いても、そのまま地域づくりの担い手が育つとい
うわけではない。では、先進事例から何をどのように学ぶのか。事例を素材
のままではなく、受講者のニーズや属性に合わせて、吸収しやすい形に変換
して学習することが重要である。

　例えば、講演を聴くだけではなく、内容を丁寧に聴き取り、対談、資料の
読み込み、インタビュー、ふり返りなどの方法を用いることである。そこで
リーダーの振る舞い方、人との接し方、つきあい方、配慮していること、習

慣にしていること、連絡の仕方、よく使う言葉、趣味や余暇の過ごし方、関係者との交流の方法、などを丁寧に掘り下げるのである。それをいくつかの要素に分け、モジュールに分解し、そこから汎用性を見つけ出して、地元の課題に応用するのである。例えば、目立つところや晴れがましい場で人前に出る人の選び方、人知れず努力している人にスポットを当てる配慮、などの細部にわたる地域づくりへのインセンティブの積み重ねの様子などをあぶり出していくような学びが必要である。それはリーダーや担い手のコーディネートの実態を把握することである。そこから自分にできること、変えられることを引き出す、あるいは気づきを促すような学習を組み立てることが必要である。講演を聴き、アンケートに記入し、ふり返りをするだけでは、十分ではない。その汎用性を引き出すのが、チューター、ファシリテーターあるいはコーディネーターなどの学習支援者である。こうした多彩な学習方法を駆使し、学習者自らが発見できるようにデザインしていくのが、社会教育主事・社会教育士の役割でもある。

注
1）児島邦宏「地域人材の活用」『新版学校教育辞典』教育出版、2003 年、p.506。
2）ましこ町民大学集録編集委員会『ましこ町民大学集録』2004 年、益子町生涯学習推進本部。
3）「益子町まちづくり基本条例」2014 年、http://www.town.mashiko.tochigi.jp/reiki_int/reiki_honbun/e122RG00000667.html（アクセス：2019.5.20）。

確認問題
(1) 地域人材とは、どのような人か、自分の経験から具体的な一人を挙げて地域づくりとの関連で説明しなさい。
(2) 地域づくりにおける社会教育主事・社会教育士の役割は何か、説明しなさい。
(3) 地域づくりの担い手育成の学習プログラム作成上の留意点を述べなさい。

より深く学習するための参考文献や資料
• 石井大一朗・霜浦森平編著『はじめての地域づくり実践講座　全員集合！を生み出す 6 つのリテラシー』北樹出版、2018 年、（地域づくりの具体的な方法を 6 つの視点から実践的に解説している）。

事例9　自己再発見の学びを促す「すぎなみ大人塾」

1　すぎなみ大人塾の目的

　すぎなみ大人塾（以下、「大人塾」）は、住民それぞれが様々な場面で地域社会の一員としての自覚と責任を持ち、自らの可能性を十分に発揮し、他者に働きかけていく力を育むことを目的としている。「自分を振り返り、社会とのつながりをみつける "大人の放課後"」をキャッチフレーズに、東京都杉並区教育委員会が主催して 2005 年度から開催しているものである。

2　プログラムの内容と特色

⑴　変更可能性の高いプログラム

　各コースに共通する特徴は、学習支援者という役割を置いて、受講生の関心や経験、意欲に合わせた運営を行うこと、また、学習支援者の協力を得て、コ

2017 年度の大人塾のプログラム

総合コース	
テーマ	GENERATION LAB ～コノ時代ヲ解読セヨ～
内　容	「調べ方」を調べる／「考え方」を考える／「〇〇〇」解明など
日程・場所	5 月～2 月（全 16 回）水曜午後 7 時～9 時／セシオン杉並他
学習支援者	コミュニケーションデザイン会社経営者
高円寺コース（地域コース）	
テーマ	高円寺で〇〇カフェ～まちのなかに対話する場をつくってみよう～
内　容	「対話」体験／まちの「資源」活用事例／カフェ実践など
日程・場所	10 月～2 月（全 11 回）木曜午後 7 時～9 時／小杉湯他
学習支援者	コミュニティカフェ経営者
西荻コース（地域コース）	
テーマ	ぷらっと西荻～くらしをサイズアップしましょう～
内　容	まち歩き／「西荻のステキ」共有／私の計画づくりなど
日程・場所	10 月～2 月（全 6 回）土曜午後 1 時～5 時／東京女子大学他
学習支援者	クリエイティブディレクター

ースの中で、受講生自らが実践したり体験したことをふり返る場や、受講生同士が協力して作業し発表する場をつくっていることにある。

そのためコースが動き始めた後、学習支援者と担当職員はメールを含めて何度も打ち合わせを重ね、受講生の状況に応じてプログラムに修正を加えている。

(2) 体験的な学びを支える「学習支援補助者」

学習支援者と合わせて、各コースに学習支援補助者という役割も置いている。学習支援者は、コースの参加型学習内容の組み立てや受講生同士の話し合い活動を活発にする進行役を担っていくのに対して、学習支援補助者は、受講生と地域の活動をつなぐ役割を担っている。

大人塾では、コース修了後に自主グループをつくって活動するだけではなく、受講生一人ひとりが主体的に判断し、必要に応じてグループ活動を超え、様々な人や活動とネットワークを築く力を高めたいと考えている。そのため、学習支援補助者の方々は、受講生がコースに参加して学んでいる期間にも、地域の活動紹介や協力者募集、受講生の求めに応じた活動紹介などを行っている。2017年度から立ち上げた地域2コースでは、この学習支援補助者の役割を卒塾生（修了生のこと）や開催地域での活動実践者に依頼している。

学習支援者と学習支援補助者は講師に位置づけ謝礼を支出しているが、打ち合わせや、つなぎ役を担っていただく部分はその対象としていない。

(3) 卒塾生相互に支え合う関係づくり

卒塾生は、卒塾年度を超えたネットワークとして「すぎなみ大人塾連」（以下、「大人塾連」）を組織している。毎月行われる大人塾連世話人会では、それぞれの活動情報を交換するとともに、大人塾連として主催する「大人塾まつり」や「連続講座」などについて協議している。

卒塾生の活動支援は、担当職員（行政）のみが窓口になろうとすると対応の限界が出る。しかし、「自宅を開放したい」「科学イベントを手伝ってほしい」「折り紙で地域貢献したい」「子どもたちのために活動したい」など、卒塾生それぞれのやってみたいことを出し合っていくと、相互の支え合いがどんどん活発になっていく。

年度末に教育委員会が開催する「合同成果発表会」は、各コース受講生が一堂に会し、それまでの卒塾生も交えながら、それぞれの学びの成果や活動情報

を交換する場になっている。年に一度開催される「大人塾まつり」も、卒塾生の様々な活動グループが出店を通して活動を見せ（店）合う場となっている。これらの機会を生かして、相互の関係を育んでいる。

3 成果と課題

(1) 卒塾生の地域での活動

　卒塾生は、大人塾連として全体で取り組む活動のほか、日々それぞれの持ち味を生かしながら地域で活動している。その広がりを担当職員が把握しきれているわけではないが、大きくは2つの活動がある。

　1つは、社会教育委員やスポーツ推進委員、地域区民センター協議会委員、きずなサロン（福祉領域で取り組むコミュニティサロン）など、所管の部署があり行政と関わりを持ちながら進められている活動である。

　もう1つは、耕作放棄地が広がる地域との農作業を軸にした交流や担い手不足の商店街イベントへの参画、福祉施設での文化的事業の展開など、卒塾生の自発的な関心やつながりを生かした、社会への提案を含む活動である。

(2) 事業の持続可能性

　職員は、2005年度から大人塾を開催するなかで、受講生から受け取る以下のような言葉により、こうした学び合いの場の重要性を確認してきた。

　「大人はそれぞれすでに長い人生を生きてきて、いろいろな考えや価値観、得意なことや貴重な体験、さまざまなものを持っているから、新しく詰め込むというより、持っているものを引き出したり、出し合ったりして、それらが引き起こす化学反応で、また新しい何かを生み出す」ことができる（すぎなみ大人塾だがしや楽校編集委員会『「縁育て」の楽校——みんなが輝く生涯学習実践記』日本地域社会研究所、2010年、p.184）。

　大人塾という事業の枠組み自体も、受講生・卒塾生からの提案を受け止めて変化してきた。「大人塾まつり」や、2017年度から立ち上げた地域コースは、卒塾生の提案や活動成果を踏まえてのものである。区民の方々を、「受講者」に留めてしまうことなく、社会教育を共に創っていく仲間に見立てていくことが、事業の持続可能性を高めていく近道のように感じている。

⑶ **他組織との連携**

　大人塾の運営やコース設定については、学習支援者等と担当職員の打ち合わせの他、年に2回程度「アドバイザー会議」を開いて議論している。この会議には、学習支援者と担当職員、さらに2名のアドバイザーが参加する。アドバイザーは、1名が社会教育委員、1名が社会福祉協議会職員である。社会教育計画の観点や地域福祉の最前線で感じていることの共有や対話を通して、大人塾の事業展開や成果を多面的に考える場になっている。

　合わせて、地域コースのプログラムづくりでは、学習支援補助者との「企画懇談会」も、高円寺・西荻コースごと複数回開催している。その結果、地域内大学や大学生との連携、商店街や小学校の施設活用が進んでいる。

⑷ **教育プランとの関係**

　杉並区教育委員会では、2002年3月に「教育改革アクションプラン」を策定した。このプランにより「区民が地域の中でいきいきと学び、活動し、互いに尊重し支え合う営みによって地域も輝く」という観点が明確化された。その後、社会教育委員の会議答申「自分たちで自分のまちをつくる社会教育」（2004年8月）において、「住民それぞれがさまざまな場面で地域社会の一員としての自覚と責任をもち、自らの可能性を十分に発揮し、他者に働きかけていくこと」が提言された。この答申は、その後策定した「教育ビジョン」（2005年1月）の基本的考え方に位置づけられ、大人塾は計画事業化された。

　この流れは現在も続き、「教育ビジョン2012推進計画（平成29～31年度）」では、「学び合いを支える学習機会の充実」として、大人塾3コースの開催が位置づけられている。

中曽根聡　杉並区教育委員会事務局社会教育主事。1989年4月から杉並区立社会教育センター勤務。2011年4月から学校支援課兼務。

事例 10　福井市立円山公民館の広報誌から深まる地域づくり

1　住みよい地域づくりのために

　福井市立円山公民館がある円山地区（2018年10月1日現在、人口8,168人、世帯数3,032世帯）は、農村部と都市部が程よく調和し、近年世帯数の増加が進む地区である。新規住民が増える中、公民館では愛郷心を育むために様々な歴史継承事業（史跡マップ・地区史づくり）に取り組んできた。

　小学校区に1館設置された福井市の公民館は、扇の要のような存在である。地区には地域活動団体として自治会連合会、社会福祉協議会、防災会、子ども会育成会、体育振興会など様々な団体があり、その活動拠点としても公民館は利用されている。公民館が行う教育事業と地域活動団体が行う事業は、住みよい地域づくりのための両輪となり、バランスよく連携することで地域の活性化につながっている。

2　広報誌「えんざん」の取り組み

(1)　円山広報委員会の発足

　新規住民が増える中、地区の歴史・文化を継承し、未来のために問題提起し、提言を行うツールにしたいということで広報誌「えんざん」（年4回発行、全戸配布、A4判カラー8ページ）を2012年1月に創刊した。

　その前年から福井学推進事業（郷土学）として、他県事例などから広報誌の役割などを学び、構想をまとめ、取り組み始めた。広報委員会のメンバーは歴史データのデジタル化などを手掛けるパソコングループを中心に、文章を書くのが得意な人、写真撮影が趣味の人などに声をかけ、

広報誌「えんざん」

公民館職員を含め8人で発足した。

(2) 広報誌「えんざん」の誌面構成

　この広報誌の特徴は4ページを使って組まれる「住民座談会」で、テーマは高齢者福祉、自治会活動、防災など多岐にわたり、そこから出た意見や課題がまちづくりに反映されるよう努めている。その他にサークル活動紹介、一芸に秀でた人を紹介するコーナー、小学生が地元を取材する子ども記者コーナー、円山地区の歴史・文化などを紹介する円山探訪などで構成し、人の顔が見える広報誌を心がけている。

(3) 特集記事「住民座談会」

　編集会議は基本月2回、特集記事の住民座談会のテーマと大まかな流れの検討から始まる。座談会参加者の人選は、様々な情報が集まり、人や地区団体活動をよく把握している公民館が主に担当し、交渉にあたっている。広報委員会は素人集団であるため、話が盛り上がりすぎて2時間を超える座談会になることもあった。テープ起こしをするとA4用紙20枚以上にもなり、そこから4ページの内容にまとめるのは大変な作業であった。

　回を重ねるごとに要領を得、座談会参加者は4～5人まで、事前調査や打ち合わせをするなどして、正味1時間半くらいの座談会で内容の濃いものに収まるようになってきた。今日では、テープ起こしをし原稿をつくる人、レイアウトを組む人、リード文をつける人と作業分担をし、編集会議で何度も検討を重ね制作している。

広報誌「えんざん」の主なテーマと参加者

これまでの主なテーマ	参加者
防災を語る―高めよう・広げよう地域の共助	自主防災連絡協議会役員
次世代を担う子供たちのために	子育て世代
新たな視点でとらえた円山地区の姿	新規住民
まちづくりとは何か。自治会運営から	自治会長経験者
ご近所に気づく・ご近所を築く（高齢者福祉）	老人会・一人暮らし高齢者など

⑷　子ども記者の誕生

　発刊３年目の第９号からは、子ども記者が作るページが誕生した。これは子育て世代を対象にした座談会の折に、出席者から「子ども目線から円山の未来を考えるのはどうか」との提案があり企画されたものである。小学校を通じて高学年を対象に募集し、新聞記者や印刷会社の方を講師に招き、記事の書き方、取材の仕方、写真の撮り方、レイアウトなど「伝え方を学ぶ」少年教育事業として取り組んでいる。

3　幾重にも編まれる様々な取り組み

⑴　中学校との連携

　2017年より福井市の中学校では地域コーディネーター制度が始まり、円山地区では地区のことを熟知している公民館長と広報委員会委員長が担当し、地区の歴史・文化、まちづくり事業の取り組みを中学校で紹介している。

　郷土の偉人ということで「『詩人　則武三雄』継承事業」（円山広報委員会・福井県詩人懇話会・NPO法人農と地域のふれあいネットワークで実行委員会を構成し、2016年より事業開始）を紹介したところ、2018年に公民館からの提案が受け入れられ、中学２年の国語科の授業２コマで則武三雄とゆかりのある詩人７名が各クラスに入り「詩の教室」を開催することができた。次年度以降も継続して取り組むことになっている。

⑵　人の輪（かたまり）をつくる

　今日では、地域を支えていた婦人会・青年団・老人会などの社会教育関係団体が衰退してきており、それに代わる組織が求められている。公民館には、趣味のグループ、問題意識を持ち課題解決に向けて動くグループなど、様々な新しい人の輪（かたまり）を意図してつくることが求められている。広報委員会の元となるパソコングループも公民館のIT教室から育ち、「みんなで教え合うパソコン相談会」「歴史資料のデータ化」などの地域のための事業を行ってくれるようになった団体である。

⑶　広がる地域の活動

　広報誌の発刊により住民座談会を定期的に開催することで、住民の声が聞こえるようになった。高齢者福祉をテーマにした回では、高齢者の困りごとが見

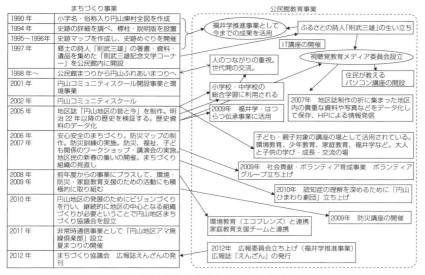

公民館事業とまちづくり事業との関連図

えてきたので、2014年から「地域支え合い体制づくり」のワーキンググループを立ち上げ、2016年より地区事業として本格的に取り組み始めた。地域防災に関しても役員の意識が向上し、県内外から視察に来るほど防災活動が充実してきた。

4 おわりに

　このように、住みよい地域をつくるために様々な仕掛けをつくり、人と人、人と団体、団体と団体を紡ぎ、地域を描くことが公民館の大きな役割である。地域の核として存在する公民館だからこそ、その役割を果たすことができるのである。

松井章江　福井市円山公民館主事（1999年3月～）。出産後親子サークルを主宰し、子育て情報を発刊。2004年社会教育主事資格取得。福井市主事有志の勉強会「つむぎの会」に所属。その他まちづくりNPO活動にも従事。

第6章 社会教育におけるコーディネート機能

社会教育におけるコーディネート機能は、1950年代から認識されていた。近年、多様な主体間の連携・協働が求められることや個別化、専門化が進展する中で、既存の制度や仕組みを新たな課題に対応させようとする時に、コーディネートという働きが注目されてきた。ここではコーディネートの内容を、社会教育及び地域学校協働活動に焦点を当てて学ぶ。

キーワード コーディネーション、コーディネーター、対等、社会教育、地域学校協働活動、地域学校協働活動推進員

1 コーディネート機能とは何か

(1) コーディネートとは

　中央教育審議会の答申などでは、コーディネートを「調整する」という理解で紹介することが多い。しかし、ここではまず、coordinate という英語が持つ本来の意味を確認してみよう。

　coordinate の日本語訳は、「1　統制的（調和的）に働かせる　整合する（さまざまな要素を）調整する、調和させる、釣り合わせる　2　対等（関係）にする　等位にする　同等にする」[1]である。そこには「調整する」の他に「対等にする」という意思が含意されていることに注意したい。「どちらか一方の都合や条件・考えを押しつけるのではなく、当事者双方の自己決定権を尊重したうえでつながっていくことが必要」[2]という指摘もある。

　社会教育や地域づくりの領域以外でも、「コーディネーター」の役割を持つ人々は多様に存在する。そこでは、分割された要素や作業を組み合わせて全体として意味のある「まとまり」や「はたらき」をさせる人であることと説明されることが多い。それぞれの要素の量の多寡や大小にかかわらず、全体としてバランスが取れた対等な関係を維持するのである。地域づくりの分野でも同様に、人と人、人と地域人材や団体・機関をつなぎ、組み合わせて

96　第3部　地域人材が育つ社会教育

地域づくりというはたらきを持たせるのである。

　社会教育の領域においても教えるものと教えられるもの、助言するもの、助言されるもの、協力するもの、協力してもらうものなど、各主体は必ずしも対等な関係ではないことは明らかである。多様な主体間の連携・協働が円滑に進まないのも「対等」が容易なことではないからである。単に調整するという現象面に目を向けるのではなく、調整された関係者相互の在り方が「対等であること」が重要なのである。人も資源も集中している学校や行政機関と、脆弱な組織性しか持たない地元の小さなグループとが対等な関係になることは容易ではない。協働関係ではしばしば「目的の共有」「相互の特性の理解」「対等な関係」などが求められるが、現実の社会では資源は不平等に存在しており、権限や専門性なども同一ではない。だからコーディネーターによる「対等にするという営み」（コーディネート）が必要なのである。

(2) 学校支援ボランティアのコーディネート

　学校支援ボランティアのコーディネートでは、教師が「こんな人に来てほしい」といえば、そのとおりに活動できる人を探してきて、単に紹介すればよいのだろうか。多くの地域コーディネーターは教師のニーズを受け止めるとともに、どのような授業をしたいのか、どのような目的なのか、どのようなことを子どもたちに伝えたいのか、という教師の意図や計画を問い直すという。そして、それに見合う地域住民を探し出すのである。熱意があっても学校支援に適当ではない人もいる。その「前捌き」のできることが期待されるのである。ボランティアと細部にわたって打ち合わせを行い、コーディネーターは、教師とボランティアが気持ちよく活動するための対等な関係になるような環境を整える。一方的な教師の思いだけでなく、ボランティア側の経験や気持ちといったことにも目を向ける。優れたコーディネーターは丁寧な対話によって「対等」にしていく。専門用語で語られる言葉を確認しながら、ボランティアが理解できる言葉に巧みに置き換えていく。ボランティアの気持ちを学校の言葉に変換して確認する、という営みが行われている。

　こうした試みを学校教員からもアプローチしたのが栃木県の「地域連携教員」である。県内すべての学校に地域連携教員を配置し、地域と連携する窓

口を明確にして、コーディネートの環境を整備した（**事例3**）。栃木県ではこの他にも、計画的に学校教員を社会教育主事講習に派遣する事業が継続されており、学校の中に地域住民の言葉や社会教育の感覚を身につけた教員を配置し、多様な主体との協働をコーディネートする人材を育成してきた。

　このように教師とボランティアの関係を意図的に「対等にする」ことによって、信頼関係が生まれ、次の活動に発展していくのである。それは既に一時的な利害関係を調整しているのではない。人と人との関係を紡ぎ出しているのである。コーディネートとは、お互いの気持ちや心といったつかみ所のない要素に働きかけて、人間的な信頼関係を創り出していく。

　栃木県鹿沼市の民間団体「北光クラブ」では、学校と地域団体の間に介在し、学校支援活動を展開しながらも地域のつながりづくりを意図することにより、学校と地域のニーズを受け止め、両者を対等にするコーディネートを展開している（**事例12**）。

(3) コーディネートの特性

　コーディネーターの任務は容易にマニュアル化できないといわれている。活動する学校や地域の状況によってコーディネートの内容は大きく異なり、ボランティアとなる地域住民の職業や経験、人柄によってもコーディネートの在り方が大きく異なる。だから活動5年目のコーディネーターの活動内容は、もはや1年目の人の参考にはならないのである。コーディネーターもボランティアも変化（成長）し、双方に経験が蓄積されるからである。コーディネーターは関係者の変化に対応して、活動内容を変化させていかねばならない。コーディネーターの持つ経験や人柄、生活の仕方、所属する団体活動、趣味や特技、それに係わる人脈によってその在り方は一様ではない。あたかもこれまでの経験や活動で蓄積してきた財産を使うかのように人々に依頼し、そして新たな財産としていくようにもみえる。

(4) コーディネートが必要とされる社会的背景

　人々が求める生活スタイルや職業生活、あるいは社会問題が複雑化、多様化して、それに対応するために団体や組織が高度に専門化あるいは細分化し

ている。各省庁や自治体の部課が持つ領域もそれぞれに細分化、専門化している。加えて少子高齢化、人口減少の中で提起される課題はより複雑化している。しかし、既存の社会制度や仕組みは容易に変化しない。

こうした社会状況に対応するために、多様な主体間の連携・協働によって課題にアプローチし、それらを円滑に解決するためのコーディネート機能が注目されている。いわば、課題を解決するためには、1つの組織や部局の資源、事業や人材だけでなく、関連する専門領域の人や組織、資源を糾合し、まとまって1つの力にしなくてはならなくなったのである。このように多様な主体をバランスよく配列し、1つの目的の実現に取り組むようにアレンジするのがコーディネートである。これは現代社会には不可欠なものとなっている。

(5) コーディネートの具体的な内容

例えば、子どもの貧困、虐待といった社会的課題は、地域内の1つのセクションでは、もはや対応できない。学校関係者、児童相談所職員、児童家庭課の相談員、民生委員、自治会役員など多様な主体が一堂に会して、情報を共有し、課題解決を図るようになった。こうした営みをアレンジするのが「コーディネート」機能である。コーディネートすることによって、専門化、細分化された関係者が一体となって1つの課題解決に寄与する。関係者と情報を共有すること、お互いの資源を持ち寄り、それぞれの領域でできることを明確にする、一緒にやれること、個別にやること、役割や責任の分担、仕事や予算の負担をどのようにするかなどの調整が必要になる。それらの主体は、それぞれが独立した権限と機能を尊重し合い、それに応じた対等な役割と責任を担うことによって、全体として調和の取れた対策が実現する。

近代化の進展は、既存の自治会・町内会、消防団、婦人会、子供会育成会、交通安全協会といった地縁型の伝統的な組織に所属していた人々を個人に分解し、個人が柔軟に動けるように再編する過程でもあった。そして、地域のしがらみから解放され、自由意思で豊かな生活を求めてきた人々は結果として、縁を失い、孤立し、「無縁」を選択せざるを得なくなった。現代は、地域の歴史的人間関係が絡み合う窮屈な社会から解放されたが、一方で絆やつな

がりを探し求める社会でもある。人々をつなぎ、孤立や孤独から解放するためにも、様々な生活支援や学習機会提供を通じて「縁」を創り出していくコーディネート機能が必要になっている。失われた縁をリニューアルして新しい縁を取り結ぶ働きである。このようにコーディネートは社会的課題の解決に必要な営みになっている。

2 社会教育におけるコーディネート

(1) 答申・報告からみえるコーディネート機能

社会教育のコーディネート機能が注目されたのは、それほど新しいことではない。古くは1986年の社会教育審議会成人教育分科会報告「社会教育主事の養成について」であり、社会教育主事に求められる能力の1つとして、「調整者としての能力」が次のように指摘されている。

> 今日の社会教育行政は、教育委員会以外の行政部門による社会教育関連事業、学校教育、民間の教育・文化・スポーツ事業及び企業内教育等との連絡、連携を図り、必要に応じて、それらへの援助方策をも講じていかなければならない。その連絡、連携は、単に関連機関相互が情報交換をし、広報その他を共同して行うといつた程度にとどまるものではなく、例えば、これらの諸事業を生涯教育の理念に基づいて関連づけるといつた積極的な意味合いをもつものである。その為、社会教育主事には、社会教育に関連する分野と協働していけるだけの視野の広さと調整能力とが必要になつてくる。
>
> また、家庭、学校、地域社会の協力によつて豊かな学習環境を整備する必要が指摘されている現在、社会教育主事には、家庭、学校、地域社会のそれぞれの特性を生かしながら、それらの連携を推進していく役割を果たすことが期待されている。

そして「調整者」を「コーディネーター」であると理解し、社会教育主事の能力として取り上げている。その後も、1996年の生涯学習審議会社会教育

100　第3部　地域人材が育つ社会教育

分科審議会の「社会教育主事、学芸員及び司書の養成、研修等の改善方策について」では、様々な機関との連携・協力を図り、地域の生涯学習を推進する「コーディネーターとしての役割を担うことが一層期待されている」と指摘している。1998年の生涯学習審議会答申「社会の変化に対応した今後の社会教育行政の在り方について」では、次のように記している。

　　社会教育活動に対する指導・助言に加え、様々な場所で行われている社会教育関連事業に協力していくことや、学習活動等全般に関する企画・コーディネート機能と言った役割も担うことが期待されている

　1999年の生涯学習審議会答申「学習の成果を幅広く生かす」では、「社会教育主事のコーディネート機能が重要な要素」であるとしている。2008年の中央教育審議会答申「新しい時代を切り拓く生涯学習の振興方策について」でも社会教育主事の役割として、連携のための調整とコーディネーターとしての積極的な役割を果たすことが求められている。
　2018年の中央教育審議会答申「人口減少時代の新しい地域づくりに向けた社会教育の振興方策について」では、今後の社会教育の在り方を「社会教育を基盤とした、人づくり、つながりづくり、地域づくり」としている。その方策として「多様な主体との連携・協働の推進」「多様な人材の幅広い活躍の促進」などが例示され、「これらを実際に主導する様々な取組を企画しコーディネートし、実施する人材が重要である」と指摘している。
　答申・報告をみていくと、連携・協働の文脈で社会教育主事がコーディネーターとしての役割を果たすことが求められていることがわかる。しかし、「平成30年度社会教育調査中間報告」（2019年7月）によると、社会教育主事の数が2018年には1,679人と、極端に減少してしまった現在は、首長部局や民間などで活動する社会教育士、その他の社会教育関係職員、あるいは一般の行政職員が持つべき能力として捉えられるようになった。

(2) 学習プログラムのコーディネート

　例えば、環境分野の地域課題についての講座を企画する場合には、市役所

の環境政策課やあるいは県庁の環境保全課、環境学習センターなどで行われている講座やセミナーなど、一般市民を対象とする学習機会を探すところから始まる。さらに関係するNPOなどの民間団体、環境問題に対応する民間企業の動向も注視する必要がある。さらにはSDGsなどの新しい動向や国際的な動きもネットで検索して情報を収集する、あるいは資料を取り寄せるなどして、連携・協働の可能性を模索する。

そして、講師や現地研修などの情報を収集し、企画の原案を作成する。その中から協働できそうな機関や団体を見つけ直接訪ねることになる。事前にアポイントを取り、協力依頼内容や要件を予め連絡しておくなどの準備をする。打ち合わせになれば、協働相手との課題や目的の共有、その中で折り合いを付ける、お互いの立場を尊重する、考え方や方法の違いを認め合うなどのエネルギーを使うことになる。要望のすべてに応えてくれるわけではないのでストレスもある。実施段階に向けての打ち合わせ、事業の実施、反省会議などいつも協働する相手に絶え間なく連絡し、確認をとる、という作業が存在する。加えて受講を想定する市民のニーズや背景を検討する。

さらに社会教育ではこうした講座への参加者を組織化し、学習活動を継続させ、社会参加に転化させ、地域づくりにまで発展させていく展望を持たねばならない。東京都杉並区の「すぎなみ大人塾」では、こうした学習から社会参加（地域づくり）につなげていくために、職員以外に「学習支援者」「学習支援補助者」「アドバイザー」あるいは「大人塾世話人会」という重層的なコーディネートの仕組みが整えられている。学習プロセスだけでなく、修了後のグループに寄り添い、丁寧に地域づくりにまで発展させている（**事例9**）。

(3) 円滑なコーディネート

このようにみていくと、連携・協働を支えるコーディネート機能には大きなエネルギーが必要であることがわかる。コーディネートの意味に含まれる「対等にする」という理念を実現するためには、細部にわたる配慮や各主体の特性や機能を理解する必要があり、容易なことではない。「コーディネーターとしての役割が期待される」といっても、現実にはこうした膨大な事務作業に支えられた上でのコーディネートなのである。

しかし、すべてのコーディネートを一人で行うのではない。適切に役割を配分し、人に依頼し、集約するなどといった、つながりを生かしたコーディネートを進めることが現実的である。**事例9**のすぎなみ大人塾にみられるように、重層的かつ複数のコーディネーターが存在し、それらの情報を共有する世話人会の存在がその負担を軽減しているケースがある。このようにコーディネートを単独で行うのではなく、職場や団体の中での人のつながりによって、複数のメンバーで進めることが合理的である。そのためには、日頃から同僚やメンバーの仕事を手伝うこと、人の嫌がる仕事を進んですること、他の団体からの依頼にもできるだけ対応すること、同僚や知人が困っている時に助けることなどを心がけることが大切である。これらを実現できている人にとっては、ストレスの少ない円滑なコーディネートが可能になる。

（4）社会教育におけるコーディネートの系譜と課題

　社会教育におけるコーディネート機能は新しい時代に対応するというよりも、元来社会教育が持っていた機能でもあるといえる。社会教育の課題はいつの時代でも教育委員会の所掌事項をはるかに超えた暮らしや地域の課題であり、首長部局が担当する事項であるのは当然のことである。

　このことは既に戦後の早い時期に意識されていた。『公民館図説』では、衛生事業や生活改善普及事業は「教育機関でない行政上の機関によって推進されまたは実施されているもの」として認識されており、公民館が進出すると「縄張り争い」が起きることを懸念している。返す刀で「それらの機関の仕事を助けて、立派な実をみのらせることにより、自らの成果をあげるようにすることができる」として、「公民館が常に縁の下の力持ちをするものだ」と自覚している。その上で、「それらの機関と公民館とが提携して、時に、公民館が原動力となり、時にいろいろな仕事の結び目となって、全体の力に大きな働きをさせるような役割を果たしているのが実状」という認識が示されている。加えて、「（公民館の）最後の目的は人間を立派にすること」としている[3]。

　既に公民館が首長部局で進められている事業をテーマとしており、それらと連携・協働して、あるいは「結び目」となって全体としての効果を高める

働きがあることを指摘している。これらは既に社会教育行政が多様な主体との協働を進めており、コーディネート機能が存在していたことを示している。講座やセミナーという「学びの場」を創り出すことによって、多様な主体との連携・協働が可能になる。

　また、ここでは社会教育行政の一部門である公民館と首長部局との連携に特化されているが、団体や民間企業などが大きな役割を果たしている現在、答申などでもより強くコーディネートという働きに注目してきたと言える。

　こうした指摘がなされるのは、「現代的課題」に関する学習や「社会の要請」に基づいた学習など、社会教育で学ぶ学習テーマ自体が既に首長部局の課題であり、NPOなど民間団体が先進的に取り組んでいる課題であるからである。SDGsに象徴されるように社会教育行政担当部局と首長部局関係部課、民間団体、関係機関、企業などとの「連携・協働」をしなくては社会教育の活動は展開できないという実態から生まれている。

3　地域学校協働活動におけるコーディネート

(1)　地域学校協働活動とは何か

　第2章の2で述べたように、2017年の社会教育法の改正により「地域学校協働活動」が社会教育の所掌事項として位置づけられた（第5条の2）。第9条の7では、「教育委員会は、地域学校協働活動の円滑かつ効果的な実施を図る為、社会的信望があり、かつ、地域学校協働活動の推進に熱意と識見を有する者のうちから、地域学校協働活動推進員を委嘱することができる」とした。文科省のホームページによれば、「地域学校協働活動とは、地域の高齢者、成人、学生、保護者、PTA、NPO、民間企業、団体・機関等の幅広い地域住民等の参画を得て、地域全体で子供たちの学びや成長を支えるとともに、『学校を核とした地域づくり』を目指して、地域と学校が相互にパートナーとして連携・協働して行う様々な活動」[4]とされている。

　2（1）でも述べたように、中教審答申では、人づくり、つながりづくり、地域づくりの方策として「多様な主体との連携・協働の推進」、「多様な人材の幅広い活躍の促進」などが例示されている。ここでもコーディネートが含

意されているが、地域学校協働活動の理念と同様である。地域と子どもを取り巻く関係者という多様な主体の連携・協働による展開となっている。最終目的は地域づくりにあると考えられるが、その過程で多くの関係者が子どもの学びや成長を支える活動であることを求めているのである。

この活動は「学校を核とした地域づくり」を目指すため、コミュニティ・スクールと並ぶ方策である。学校を核とした地域づくりは、地域創生を目指して、①地域の将来を担う人材の育成を図ること、②地域住民のつながりを深めること、③自立した地域社会の基盤の構築・活性化を図ることをねらいとしている。

(2) 地域学校協働活動のコーディネート

同じく文科省ホームページによれば地域学校協働活動推進員の職務は次のように示されている。

> 教育委員会の施策に協力しつつ、各地域において、地域学校協働活動に関する事項について、住民と学校の情報の共有を図ったり、地域住民等に助言を行います。具体的には、地域学校協働活動の実施にあたり、学校側と連絡・調整したり、地域住民等に協力を呼びかけるなど、コーディネートを行うことになります[5]。

ここでは、新たに創設された「地域学校協働活動推進員」がコーディネートを行うものとして確認されている。そこでの具体的なコーディネートとして、住民と学校の情報共有、地域住民への助言、連絡・調整、協力の呼びかけなどが示されている。

では、具体的にどのような活動が想定されているのだろうか。学習指導要領に基づいて一律に授業は展開されているが、その運営の方法や地域との関係は一律ではない。文科省の示す解説にも「様々な活動」「多様な取組」と表現されているのはこのことを表現しているとみることができる。

これまでも地域との関係を丁寧につくり上げている学校もあり、そうした実践の中にも既に地域学校協働活動は存在する。当初は、地域住民が学校を

支援する活動や、登下校の見守り、学校環境整備であったとしても、目指す姿は、一方的な関係ではなく、対等な関係を創り出すことである。そこで、コーディネートにより、子どもが地域行事や公民館まつりに出店するなどといった、地域の大人と子どもが一緒に活動することや子どもが地域づくりの活動に参画するといったことが期待されている。

こうして子どもが地域課題の解決の体験を蓄積することによって、地域の将来を担う担い手が育成されることにつながる。このためには、学校行事や年間計画、子どもの発達段階、学校の施設整備などにも配慮し、教師の声や気持ちを受け止め、その上で地域の団体や行事の日程や内容を調整し、地域づくりを担ってきた大人の思いや願いを聴き、話し合い、時には無理を聞いてもらい、初めてコーディネートが可能となる。

(3) 結び目としての「特別活動」

その際、注目すべきは学校の教育課程にある「特別活動」である。特別活動とは「望ましい集団活動を通して、心身の調和のとれた発達と個性の伸長を図り、集団の一員としてよりよい生活や人間関係を築こうとする自主的、実践的な態度を育てるとともに、自己の生き方についての考えを深め、自己を生かす能力を養う」[6]ものである。具体的には、学級・ホームルーム活動、児童会・生徒会活動の他、学校行事（儀式、遠足、学芸会、文化祭、学校祭、合唱コンクール、スポーツ大会など）である。こうした特別活動の理念は、多様な他者との協働、社会参画、課題解決、合意形成といった地域づくりに欠かせない能力の形成に関わっていることがわかる。これは既に組織化する力を養い、地域の行事などの担い手を育てる自治能力の形成に連なる基礎力を形成しているとみることができる。

このように地域学校協働活動は、特別活動と地域活動を結ぶコーディネートの可能性を広げることがわかる。地域学校協働活動のコーディネートは、地域づくりのコーディネートに連なり、大きな可能性を示唆していると考えられる。

注

1）『新英和大辞典』第 6 版　研究社、2002 年、p. 548。
2）早瀬昇・筒井のり子著・日本ボランティアコーディネーター協会編『ボランティアコーディネーション力』中央法規出版、2015 年、p. 89。
3）小和田武紀『公民館図説』岩崎書店、1954 年、p. 236。
4）文部科学省ホームページ「地域学校協働活動」https://manabi-mirai.mext.go.jp/torikumi/chiiki-gakko/kyodo.html（アクセス：2019.5.20）。
5）文部科学省ホームページ「社会教育法改正に関する Q&A（2018 年更新）https://manabi-mirai.mext.go.jp/torikumi/syakaikyoiku_qa.pdf（アクセス：2019.5.20）。
6）文部科学省ホームページ「学習指導要領『生きる力』第 6 章特別活動」http://www.mext.go.jp/a_menu/shotou/new-cs/youryou/syo/toku.htm（アクセス：2019.5.20）。

確認問題

(1) コーディネートで大切な理念とは何か。その理由も説明しなさい。
(2) なぜコーディネート機能が注目されるようになったのか。
(3) 地域学校協働活動における地域学校協働活動推進員の役割と必要性について説明しなさい。

より深く学習するための参考文献や資料

• 早瀬昇・筒井のり子著・日本ボランティアコーディネーター協会編『ボランティアコーディネーション力』中央法規出版、2015 年（コーディネートの意味を具体的な内容に即して詳しく解説している）。
• 文部科学省『地域学校協働活動の推進に向けたガイドライン』2017 年　https://manabi-mirai.mext.go.jp/document/gaideline（アクセス：2019.5.20）。
• 文部科学省『地域学校協働活動ハンドブック』2018 年　https://manabi-mirai.mext.go.jp/document/handbook_2.pdf（アクセス：2019.5.20、いずれも地域学校協働活動のコーディネートの方策が示されている）。

事例 11 福祉と社会教育をつなぐ「喫茶」の役割

1 国障連の結成

　東京都国分寺市では 1974 年、「国分寺市障害者総合運動会」が実施され、身体・知的・精神障害者関係の 5 団体が参加した。全国的にも珍しい取り組みのため、NHK が取材に来て放映された。これを契機に障害者団体間の交流が深まり、1975 年には国分寺市障害者団体連絡協議会（以下、国障連）が結成された。その主な目的は、団体間交流・親睦と障害者の就労問題の解決だった。このような国障連の取り組みは、以下に述べるように、福祉と社会教育をつなぐ活動を展開してきた。

2 喫茶コーナーから地域活動支援センターへ

⑴ 公的施設への「喫茶コーナー」の設置

　1992 年度、国分寺市が女性センター（現ひかりプラザ）の喫茶コーナーを運営する事業者を公募することになったため、「国障連で運営したい」旨の要望書を国障連は市に提出した。国障連は「この喫茶は障害者の居場所とするのではなく、障害者の就労の場とするよう進めることを確認」し、「開設に当たり障害者に最低賃金を支払うことを目標」とした。1994 年には議会にも陳情を行った。その結果、国障連の受託が決まり、同年 11 月 11 日「喫茶こだま」開設の運びとなった。国障連の中に「喫茶コーナー運営委員会」を設置し、そこが運営主体となった。

　続いて、本多公民館にも喫茶コーナーを開設するための取り組みを進めた。当時、本多公民館のロビーは一部市民の使用が常態化する状況になり、1992 年から本多公民館運営審議会がロビー改善を検討していた。最終的に喫茶コーナーを開設することにより、この問題が解決できた。さらに、ここを「障害者就労の場とする」ことを求め、国分寺市議会でもそれが確認された。

　これを受け、国分寺市が受託者を公募したため、国障連は運営受託申請を行った。国分寺市では「喫茶こだま」の実績を高く評価し、国障連に運営を任せることとなり、1999 年 4 月に「喫茶ほんだ」は開設された。

　喫茶は利用者に理解され愛される「地域のお茶の間」であることが大切だと

108 　第 3 部　地域人材が育つ社会教育

考えた。実際のところ、話し相手を求めて利用する人も多い。働き手も利用者との会話で元気になる。こうして、お互いに助け合えるのだと実感できるようになった。

(2) 地域活動支援センターほんだ・こだまへの事業転換

「喫茶こだま」は開設3年目以降、「喫茶ほんだ」は開設以来、一貫して「障害者に東京都最低賃金を支払う」ことに努めている。2005年の障害者自立支援法の施行により、「障害者重度通所補助金」は任意団体の国障連では受給できないことになった。やむなく2010年NPO法人国障連喫茶を設立し、障害者自立支援法地域活動支援センターⅢ型事業所として、「喫茶ほんだ」と「喫茶こだま」の運営を国分寺市より受託することになった。

就労の場という位置づけから福祉的就労の場としての運営に変更、利用定数と日常の利用数の関係で、全員に東京都最低賃金を支払うことが困難となり「東京都最低賃金を支払うことを目指す」運営へと大きく変更した。

3 実践上の工夫

① 障害に関する喫茶スタッフの学習

喫茶スタッフは福祉の専門職員ではなく、喫茶の趣旨を理解した地域の市民である。普通の感覚で接することが、相互理解の上で重要だと感じている。しかし適切な支援には、障害に関する学習が不可欠である。市内の障害者施設の専門職員に依頼し、事例検討研修会を実施しながら支援を行っている。

② メニューの工夫による常連客の増加

開店当初、喫茶メニューの軽食はレトルト食品が多く、利用者の少ない時があり、多くの市民の利用を促すため日替わり定食を提供するようになった。常連となって毎日利用する人も増え、たまに来ない日があると心配し、その後の来店時に「いらっしゃらなくてどうしましたか?」など会話を交わすことも日常的である。

③ 公民館等のイベントへの出店

公民館まつりに参加し、通常以外のメニューを提供するとともに、お祭りを盛り上げるためにも模擬店を出店している。また、市内の各種イベントに模擬

店を出店して、市民に喫茶を理解してもらうよう努力している。

④ 料理の配達による障害者理解の促進

公民館利用団体から、コンサート後の打ち上げ、年末年始・年度末の特別な行事のオードブル、特別弁当などの注文を受け対応をしている。障害を抱えながら普通に働く姿に接してもらい、障害者理解を深めてもらうことを期待して取り組んでいる。

⑤ 公民館との連携による事業

公民館との連携で次のような事業を行っている。

ロビーコンサートは公民館との共催事業で実施している。障害を持っている人は助けを受ける場面が多いが、「ロビーコンサート」では観客に楽しんでもらえるよう、日々の感謝を込めておもてなしの気持ちで取り組んでいる。

おしゃべり茶話会は、公民館の地域会議で民生・児童委員の方から「高齢者の居場所として家から出かける場所がほしい」との意見が出されたのがきっかけだった。喫茶でできることはないかと検討し、高齢者同士の交流の場として「おしゃべり茶話会」を企画し、公民館利用団体の語りの会やコーラスグループの出演を行っている。

⑥ 日常の生活の場で相互理解を深める活動

障害があっても「普通の生活」をすることは、ノーマライゼーションの基本である。市民が日常の中で喫茶を利用して、障害を持つ従業員が普通に働く姿と接することは、同じ地域に住む住民として障害を理解する場となり、誰もが当たり前に暮らす社会というものを学ぶ場として重要である。

3 成果と課題

(1) これまでの成果

これまでの成果として、下記の2点を挙げることができる。

① 地域に定着した喫茶

公民館利用者や地域住民がホッとできる憩いの場所、地域にとって大事なたまり場、様々な人たちをつなぐ出会いの場になっていると感じている。

② 障害者の自立の場

喫茶は、生活訓練の場、社会参加の場、さらには自立できる「就労の場」として定着したと認識している。それは、利用する市民が普通に接してくれているとの実感があるからだ。自信を身につけ、一般就労を望む障害者にとってのステップアップの場になってほしいと思って支援している。

(2) 今後の課題

今後の課題としては、次のことが考えられる。

① 共生社会を目指す

楽しそうに働く従業員がいて、明るく接しているスタッフの様子がみられ、使い慣れた公民館の中にある喫茶を利用する市民がいることで、喫茶が入りやすく賑やかになる。そうした環境を醸し出すことが共生社会の基本的な条件ではないかと考える。

② 新規支援スタッフの確保と支援力の重要性

継続的な運営を実現するために、新規支援スタッフの確保と支援力を身につけることが求められる。今後の大きな課題であることを感じている。

「喫茶ほんだ」の日常風景

長谷部豊子　元NPO法人国障連喫茶事務局長兼地域活動支援センターほんだ・こだま施設長、元国分寺市本多公民館運営審議会委員長、同市元本多公民館サポート会議委員、同市元民生・児童委員（主任児童委員）などを歴任。

事例 12　楽しみながら学び続ける地域をつくる　北光クラブ

1　北光クラブの目的

　2000年に発足した北光クラブは、栃木県鹿沼市立北小学校を活動の場とする地域の8つの社会教育関係団体を連絡調整し、北小学校での学校支援活動を通じて地域づくりを目指すコーディネート組織である。地域の大人が「自分たちが楽しむ」ことを大切にしながら、大人の学びの成果を学校支援に生かしている。

　一見、学校支援ボランティアの団体のようだが、それは活動の1つであり本質ではない。学校が休みの日には、子どもたちの余暇を充実させるため、大人たちのサークル活動に子どもたちの参加を呼びかけ一緒に活動している。これらのことを通じて地域の大人のつながりを紡ぎ、地域づくりを進めることを目的としている。

2　北光クラブの実践内容とその工夫

(1)　北光クラブができる背景

　1996年頃、北小学校の学区には公民館がなく、地域住民と学校（子ども）が交流する拠点がない状態であった。そのような中、当時の北小学校の校長が、保護者にも地域にも開かれた学校づくりを目指し、地域と学校を結ぶ組織をつくることを構想した。これと同じ時期に、鹿沼市教育委員会生涯学習課の働きかけでKLV（鹿沼ライブラリーボランティア）が生まれ、北小学校の図書館で活動していた。

　また、学校側でもこの頃から地域住民を授業支援のボランティアとして受け入れる活動を進めており、それらの人々が教職員の働きかけに応じて、1997年にスクールアシスタント、1998年に北光家庭クラブを結成した。その後、様々なサークルが発足して活動が活発化してきたため、これらのサークルをネットワーク化する検討がなされ、2000年4月に北光クラブが発足した。こうした活動を始めるにあたって事務局スタッフは各地へ視察に行くことや様々な研修会に参加して学習した。会議の持ち方や計画の立て方などを学んだ。それは必要

に迫られての学習であった。その伝統は今でも北光クラブで継承されている。まず自分たちが学び、自分たちが変わらなくてはならないということを知るために学ぶこととした。

(2) 活動のねらい

一番大切にしていることは「自分たちが楽しむ」ということである。地域住民が自らの活動を楽しみ、また生涯学習としての「学び」をねらいとしている。その上で、自らの学びの成果を生かして無理のない形で学校支援活動を行っている。ただし、それはあくまで「結果としての学校支援」という位置づけである。また、学校を利用することで、保護者や地域の人々は学校内での子どもたちの様子を見ることができ、安心感を持つことができるという利点もあった。

(3) 組織の工夫

組織構成の上では、北光クラブ事務局と各サークルの間に運営委員会が存在する。運営委員会は各サークルの代表、学校職員、事務局メンバーによって構成され、活動内容の報告など、定期的に意見交換をしている。このため、事務局は学校と各サークルのコーディネーターに徹し、各サークルの活動には一切関与しない。

(4) 学校支援・授業支援活動

スクールアシスタントの活動として、学校と先生の業務のスリム化を目指し、その活動を支援する。特に各種コンクールの作品募集や夏休み自由課題の作品整理、就学時健康診断のサポート（子どもたちの誘導）など。特に夏休みの各種の作品募集については、各種団体・機関の募集案内を一括してスクールアシスタントが印刷配布し、児童の作品を集めて送付し、入賞者の賞状や賞品を集約して配布するなど、一連の作業をこのグループがすべて担っている。

各サークルは、自分たちの学習活動の他に、学校支援・授業支援活動も行っている。これは、学校を使わせていただいていることから、学校に何かを還元したいという気持ちと先生の負担をできるだけ軽減し、先生にもっと子どもたちに目を向けてもらいたいという願いがその発端となっている。授業支援活動は、各教師からの希望に基づき年間の支援計画を立案して行っている。また、北光クラブ事務局では、学校からの教育支援依頼を受け、それに適したボラン

ティア・講師を探すというコーディネート機能を担っている。ボランティアは、北光クラブを構成するサークルなどからだけではなく、それ以外のサークルや、クラブが管理・運営している地域人材バンクの登録者など、ネットワークを生かして広く適任者を探すことにしている。例えば手芸クラブでボランティアの方が「来週からクッションを作りますので、指定した布を持って来てください」と連絡をしても、持って来ることのできない子どもが30人中数人はいる。そのような時は、予め自分の家にあるものを何種類か用意しておき、子どもたちが困らないように配慮している。地域の人々には、子どもたちの実態を感じる感性と柔軟に対応するしなやかさがある。そういったことを目の当たりにして、授業での体験活動の大切さを学校と協議してきた。

「これからは心の教育が何より大切になる」という校長の一言が北光クラブの活動の原動力になっている。これまでにコーディネートしてきた授業は、戦争体験の話や華道、茶道、墨絵、馬頭琴や胡弓の演奏など、人を教育資源として生かした授業や、高校生の部活動（琴やブラスバンド部）による体験授業や演奏会などである。多様な選択肢の中から、大人との出逢いや体験活動を通して、子どもが自分のやってみたいことや得意なことを見つけ出せるように企画してきた。間近で見たこともない楽器の形や音色、身近にある偏見を考えさせるユダヤ人の虐殺（ホロコースト）や戦争を体験した人の話。"本物"に触れると心は揺れ動き、大きな感動となる。だからこそ自分や周りの人たちの弱さを包み込む強さに変わっていくと考えている。ホロコーストについては、東京のNPO法人ホロコースト教育資料センターから講師を招聘して北小学校で授業をしてもらっている。交通費や謝金はPTAと北光クラブが分担している。また馬頭琴の演奏は県内の那須モンゴリアンビレッジから、プロの馬頭琴の演奏家を招聘している。

現在では4月当初に地域連携担当教員から教育支援年間計画を提案してもらえるようになり、いつどのような支援が必要なのかが簡単にわかり、円滑に授業支援が行われている。また、当日になって突然変更があった場合も、柔軟に対応ができるようになっている。

⑸　サマースクールとチャレンジスクール

サマースクールは、夏休みに開催する子ども向け講座（一部親子向け）で、1999年から始まる。鹿沼市立北中学校のボランティア委員会の協力を得るこ

とや近隣の高校生の企画による講座が開設された。サークルのメンバーや地域住民が講師として子どもたちに貴重な体験の機会を提供している。

　チャレンジスクールは、学校週5日制の実施に伴い、子どもたちが休日を有効活用して充実した時間を過ごせるようにと、2002年から開始された。土日の活動として、現在まで継続し、様々な関係者が多様な講座を開設してきた。現在は「自然観察」などの事業を行っている。子どもたちの興味・関心を把握し、それをもとに地域で何ができるかを話し合い、実施する内容を決めている。

3　成果と課題

　この21年間の活動では、子どもとともに大人にも多くの学びがあった。北光クラブは一貫して子どもとともに大人がどのように育つのかを考え、事業を企画してきた。例えばPTA学年部と連携した親と子がともに学び合う学習会がある。就学前の親子が、就学時健康診断の翌月から月1回のペースで「入学までにできていたらよいこと」を学校で学び合う学習会である。北光クラブの発足当初から、自分たちの課題を解決した時には次の課題が目の前にあり、そのすべてが子どものみならず大人にとっても、地域にとっても必要な課題であった。同時に北小学校PTAとの関係づくりを丁寧に進めてきた。学校支援ボランティアの募集もPTAの役員を窓口にして進めている。保護者の理解があるため、活動が円滑に展開している。

　学校支援活動は学校に少なからずのインパクトを与えた。先生たちの負担の一部が減少し、その分、児童と向き合う時間を確保できたと考えられる。特に実物に触れ、本物と出会う時間をつくってきた。しかし、課題は次々と学校に押し寄せ、北光クラブの役割や活動も、時代の変遷に応じて変化していく。社会がいかに変化しようと子どもたちの未来に寄り添う教育力を持った大人が必要である。自分のことばかり、目先のことばかりを考えるような大人ではなく、未来を語ることができる大人が必要である。教育が人をつくり、人が地域をつくる。北光クラブも自己革新しながら、「地域づくり」を目指した活動を継続していきたい。

渡邉真知子　北光クラブ代表。特定非営利活動法人栃木かぬま教育支援ネットワーク蘗代表理事（北小学校がコミュニティ・スクールに指定されたことに伴い、北光クラブの20余年にわたる活動の理念と機能は、同校の学校運営協議会に引き継がれた）。

第3部のおわりに

　第3部で取り上げた事例を改めて概観してみよう。

　事例9の「すぎなみ大人塾」は、成人に特化した地域づくりの担い手育成のための学習機会である。この事業は、成人の学習者の特性を踏まえ、学習者の経験や知識、人脈を資源とした学びの場になっている。特筆すべきは、社会教育委員、スポーツ推進委員、地区センター協議会委員、社会福祉協議会職員といった「地域人材」を生かして、アドバイザー、学習支援者、学習支援補助者としていることである。学習支援者が受講者を地域づくりに到達するまで伴走しているようにみえる。この事例では、地域づくりの担い手育成とコーディネートの2つの観点で典型的な展開がみられる。

　事例10の福井市の円山公民館は、広報誌の取材・編集という活動を通じて、住民が学んでいる事例である。住民座談会の記録を丁寧に文字化していくプロセスが既に質の高い地域づくりの学習として位置づけられている。そして、公民館主事のコーディネートにより、学習から地域づくりに自然に移行していく様子が語られている。

　事例11の国分寺市障害者団体連絡協議会は、関係者の組織化を契機に当初は障害者就労の場や最低賃金の確保を目指していたが、喫茶コーナーの運営を通じて人のつながりをつくっていることを自覚した。学習活動や公民館との連携を通じて、単に就労の場ではなく地域課題の解決に貢献するようになり、地域社会に必要不可欠な存在となっている事例である。市民が障害者を理解する場としても機能している。

　事例12の鹿沼市の北光クラブは、発足当初から地域づくりを目指している。主な活動の場は鹿沼市内の小学校である。北光クラブは学校支援活動も行っており、学校と多様につながっている。地域団体と学校をつなぐこと、学校が求めるボランティアを探すこと、PTAとつながって事業をすることなど、学校からの相談に応じる地域の窓口の機能も果たしている。団体自体がコーディネート機能を持っている。ここでも子どもだけでなく、成人の学習が大切にされ、人のつながりを創り出す働きをしているのである。

第4部　地域をつくる社会教育

　現代の社会教育は、教育委員会事務局に所管部門がおかれ、職員としての社会教育主事、施設としての公民館を中心に、地域の諸課題を扱う首長部局の行政とは切り離されて運用される傾向が強い。これは、自治体の行政機構の細分化・精緻化に伴って、戦後の郷土復興から始まった社会教育行政の中に「学習（教育）」の部分が残余的に残されたためである。

　大きな社会変動が進みつつある現在、再度、地域や社会のために社会教育が何を期待されているのか、つまり住民の学習と地域づくりをいかにつなげるか、ということを問い直すべきである。より詳しくいえば、地域づくり（コミュニティ形成、文化・産業創造、現代的課題の解決など）のために、社会教育行政が何をすべきなのか、そして他部門（学校教育機関、首長部局、民間（企業、NPOなど））とどのようにネットワークを組んでいけばよいのか、という課題に挑戦することである。

　以上の問題意識に基づき、第4部では地域づくりとネットワークの側面から、これからの新しい社会教育経営の在り方を提示する。それは、現代的なボーダレス構造の中で、学習と地域づくりをつなぐための視点を提供することである。

森の保全活動にも生きる様々な学習活動

第7章 学びに基づく地域づくり

本章では、まず地域づくりからみた社会教育の変遷を概観する。続いて、現代における地域づくりと学習の相互作用を、①学習成果の活用、②経験学習、③人々に対する学習促進の観点から説明し、「地域づくりと学習の循環構造」を提示する。最後に、社会教育の役割と可能性について、社会教育行政の変容及び首長部局・民間組織のポテンシャルの側面から考察する。

キーワード 地域づくり、学習成果の活用、経験学習、地域づくりと学習の循環構造、学習成果の評価

1 地域づくりとは何か

(1) 地域づくりの多様性

地域づくりは、文脈によって様々な意味で使われる。最も包括的には、地域の状態を好ましい方向に変えていく過程の総称である。そこには、コミュニティ形成、新しい文化・産業などの創造、具体的な地域課題（環境、福祉、子育て支援、青少年育成など）の解決などが含まれる。このような地域づくりについて、第5章の1では「住民の生活に係わる地域の課題の解決、人のつながりを創り出すことなど、日常生活を気持ちよく豊かに営まれるように『変える』活動」と平易な言葉で定義し、具体的な事象を挙げている。

ところで、上記に例示した地域づくりの内容は、それぞれ独立の活動ではなく相互に関係し合っている。例えば、新しい文化・産業の創造や地域課題の解決を進めるためには、コミュニティの絆が必要条件となる。逆に、前者の活動を通してコミュニティの絆が強まることもある。地域の貴重な自然を守る活動（地域課題の解決）によって、自然体験型の新しい産業を創造することも可能である。

地域づくりの活動が地域特性によって異なることも忘れてはならない。例えば、都市化の進んだ地域では、コミュニティの絆を新たに創出することや、

118　第4部　地域をつくる社会教育

都市開発から地域の自然環境を守ることが重要な課題となる。一方、人口減少の問題を抱える地方地域では、新しい産業を生み出すことや都市からの若者誘致などが課題となりやすい。個々の地域による単独の活動だけでなく、大都市と地方の交互交流によって相互に地域のメリットを生み出していこうという試みもある。

(2) 学習活動からみた地域づくりの変遷

　以上のように、地域づくりの内容は多様であり、そこに様々な学習が組み込まれていることは、既に本書の各事例や各章で紹介されてきたとおりである。そして第2章でみたとおり、そのような学習と地域づくりとの関係は、時代の変遷に伴って次のように変化してきた。戦後の郷土復興期には、生活改善のための共同学習が各地で実践された。高度経済成長期の1960～70年代初頭には、急激な地域開発や工業化から地域生活を守るため、住民運動を成功させるための学習活動が活発に行われた。そして、1980年代あるいは遅くとも90年代以降は、その中で新しいコミュニティづくりや地域課題の解決を模索する学習活動が試行錯誤されているのである。併せて、市民と行政の関係が協働を志向するようになってきた。

2　地域づくりと学習の循環的発展

　次に、学習のタイプに焦点を当て、現代の地域づくりと学習との関係をみてみよう。

(1) 地域づくりに対する学習成果の活用

　地域づくりは、住民の様々な学習活動の成果を生かすことによって充実したものになる。この点については、文部科学省も重視しており、各種審議会の答申などによって繰り返し提案されてきた。例えば、1999年の生涯学習審議会答申「学習の成果を幅広く生かす―生涯学習の成果を生かすための方策について」では、人々の学習成果を「地域社会の発展」に幅広く還元していくための方策を提言している。2018年の中央教育審議会答申「人口減少時代

の新しい地域づくりに向けた社会教育の振興方策について」（以下、2018年中教審答申）でも、地域づくりを推進するための学習の重要性を強調している。

地域づくりへの活用という側面からみると、学習活動は下記のような3つのタイプに分けることができる。

① 地域課題に関する学習活動

地域課題に関する学習活動においては、専門的な知識、法制度、先進事例など、様々なことが学習される。例えば、自然環境の保護であれば、生き物や生態系に関する知識に加え、環境関連の法制度や先進的な地域の事例などを学び、それらの学習成果を生かした活動を展開することになる。本書に収録した多くの事例は、地域課題の学習が地域づくりに生かされているものである。第5章の3で取り上げた「ましこ町民大学」も、その典型である。

② 生きがいに関する学習活動

これは、趣味・教養・スポーツなど、それ自体は本人の生きがいのために行う学習である。このような学習であっても、学んだ成果を地域づくりに活用する方法はいくらでもある。例えば、市民合唱団が地域活性化のイベントで合唱を披露する、英会話を楽しむサークルが地域の国際交流の事業に協力するなどである。

③ 上記の両方を含む学習活動

①と②の両方を含む学習活動も重要である。つまり、地域課題の学習を生かした活動、生きがい学習の成果を生かした活動にまたがるものとして、地域の歴史・文化・自然などを学びながら、新しい地域文化や地域アイデンティティの創造につなげようとする動きも、各地で広がりを見せつつある。これらは、地域学[1]と呼ばれることがあり、新しい文化・産業などの創造を促す重要な活動である。

(2) 地域づくりを通した経験学習

以上で述べてきたことは、学習活動の結果が地域づくりに活用されるとい

う関係である。次にこれとは逆の関係、つまり地域づくりの結果としての学習に注目しよう。

　私たちは、地域づくりの活動を通して、経験的に様々なことを学ぶ。前述の自然環境の保護であれば、活動の中で生き物の名前や生態、あるいは草刈り鎌の使い方を覚える。さらには、自然との共生を大切にする感覚も生まれ、自分自身の世界観やアイデンティティの獲得につながることもある。

　このように、経験を通して知識・技術の獲得や意識変容が生じる。学習というものを広範に捉え、「経験による行動（意識レベルを含む）の変容」も含めて考える[2]なら、何らかの対象物に対する理解のみでなく、自分自身の意識や態度の変容もまた学習だと考えることができる。さらには、活動成果からの反作用（達成したことの喜び、失敗への反省、外部からの評価など）や、他者との相互作用（仲間との協力関係、人間関係の葛藤など）に基づく省察（ふり返り）を繰り返すことが、地域づくりの活動に取り組む人自身の世界観やアイデンティティの獲得につながるということもある[3]。

　本書に挙げた事例のうち「OH‼鰐　元気隊」活動（**事例1**）であれば、子どもたちは活動を通して地域づくりに関する多様な知識・技術・視点を学んでいる。ヤイロチョウの森を守る活動（**事例14**）に参加する親子においても、その経験を通して様々な学習が生まれているに違いない。同じくけやきコミセン（**事例13**）においても、コミュニティづくりの活動を通して住民の学習が促進されていることがうかがわれる。このように、地域づくりの活動は参加者に様々な学習のチャンスを提供しているのである。

　なお、ここで述べた学習は、何らかの知識・技術・価値観などを学ぶために取り組む活動（つまり学習活動）とは異なり、地域づくりの活動の中から生まれ出る学習である。このような学習は、その特徴に注目して多様な名称で呼ばれる。例えば、学ぼうという意図がなくても活動を通して偶然に学ぶという意味では「偶発的学習（無意図的学習）」、正式（フォーマル）に学習のために用意された場でない状況のもとで学ぶという意味では「インフォーマル学習」などがある。第5章の1で述べた偶発的な学習、意図していない学習も、同じものを意味している。ここではこれらの学習を、地域づくりの経験を通した学習という意味で「経験学習」と呼ぶことにする。

第7章　学びに基づく地域づくり　　121

経験学習の本質を理解するため、ここではデューイとコルブの理論を参照してみよう。

　デューイによれば、経験とは、試みること（能動的要素）とその結果を被ること（はね返り＝受動的要素）から構成され、はね返りによって自己の変容が起こることで「学習」が生じたといえる[4]。デューイは、さらに省察（熟慮、reflection）についても述べており、単なる試行錯誤ではなく、活動と結末の間に介在するものを分析するような思考を含む経験を省察（熟慮）的経験と呼んでいる[5]。このように、デューイははね返りと省察による経験学習の枠組みを提示した。

　コルブは、デューイが示したはね返りと省察を取り込み、経験学習の過程をモデル化した[6]。コルブの経験学習モデルは、①具体的な経験（Concrete Experience）、②省察的な観察（Reflective Observation）、③抽象的な概念化（Abstract Conceptualization）、④積極的な実験（Active Experimentation）という４つの要素から構成され、①→②→③→④→①→②…というサイクルによって説明される。

（3）人々に対する学習促進

　以上で述べてきた学習成果の活用と経験学習は、いずれも地域づくりの活動に取り組んでいる人の学習である。これらに加えて、地域づくり活動への理解や参加を促すために行われる、一般の人々に向けた学習機会の提供や啓発も重要である。

　地域づくりの活動は特定の住民のみが取り組んでいても成果の広がりには限界がある。より多くの人々を「巻き込みながら」活動を展開することが大切である。そのきっかけとして、講演会やワークショップなどの学習機会は重要であり、チラシやSNSなどを用いた啓発的な情報提供も有効である。

（4）地域づくりと学習の循環構造

　以上の３つをまとめて図示すると、**図7-1**のようになる。

　まず、学習活動（A）の成果を生かして地域づくり活動を実践する。その実践経験そのもの、あるいは成果をあげたという経験から、様々なことを学

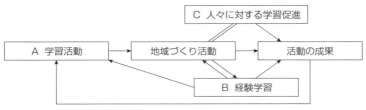

図 7-1　地域づくりと学習の循環構造

ぶ（経験学習（B））。経験学習の結果として、新たな学習課題が生まれて次の段階の学習活動（A）へと進んでいく。その成果がまた地域づくり活動につながっていく。もちろん、活動の成果から直接的・必然的に次の段階の学習活動へと結びついていくこともある。一方、地域づくり活動への理解や参加を広げるため、地域づくり活動の一環として、一般の人々に対する学習機会の提供や啓発が行われる。これが「人々に対する学習促進（C）」であり、これによって、地域づくり活動の成果はさらに大きく膨らむ。

このようにして、地域づくりと学習は、相互に関係を持ちながら循環的に発展していくと考えることができる。

なお、前述の2018年中教審答申では、学習成果を地域の活動で生かすとともに、それが新たな課題の解決のために学ぶ意欲を促すという「学びと活動の循環」を提唱しており、これは図 7-1 における「学習活動→地域づくり活動→活動の成果→学習活動→…」の部分に相当する。図 7-1 は、これに加えて経験学習と人々に対する学習促進を絡めた総合的な循環構造を示している。実際の地域づくり活動は、このような複合的なメカニズムで発展するものとイメージできる。

(5) 学び合いと人材育成

第5章で述べた「地域づくりを担う人材」は、図 7-1 のような循環構造の中で育つと考えることができる。ただし、地域づくりの活動が個人ではなく「団体やグループ」を中核とする（第5章の1参照）ことを踏まえると、ここでの学習活動（A）の多くは住民同士の「学び合い」を基本としている。「ましこ町民大学」でも、学び合いが重視されている。学び合う関係を通して地

域づくりの活動が活性化するとともに、地域づくりを担う人材が育つのである。しかも、単に「一人ひとりの人材が育って、その集合体としての団体・グループが地域づくり活動を実践する」という、一方向の「フロント・エンドモデル」ではなく、育つことと活動することが循環的に発展するとともに、住民同士のつながりとしてのコミュニティ（集団）が育つのである。

3 社会教育の役割と可能性

前節で述べた循環構造の充実を促すためには、社会教育の役割が重要である。ただし、社会教育については、立場や文脈によって様々な定義がなされる。ここでは、社会教育法（第2条）の定義に基づき、学校教育を除く組織的な教育活動（主として青少年と成人を対象）のすべてを指すものとする。そのため、地方自治体の教育委員会の枠内にある社会教育行政の他、一般行政（教育委員会以外の行政部門）、さらには民間企業、NPO、大学や専門学校においても、主として青少年と成人を対象に組織的な教育活動（学校教育に相当する部分を除く）を行っていれば、すべてが社会教育といってよい。

以上のことから、本節では社会教育行政とともに、一般行政や民間部門などにも焦点をあて、地域づくりに関する社会教育の新たな動向と課題をみてみよう。

(1) 社会教育行政と地域づくり

① 学習活動と地域活動の橋渡し

地域づくりを担う社会教育行政の部門としての筆頭は、公民館である。公民館は全国の市町村に設置され、地域における学習拠点の役割を担っている。

本章1（2）でその変遷を整理した地域づくりのための学習活動は、いずれも公民館を重要な拠点として行われてきた。現代においては、本書の事例に表れているように、岡山市のESD（**事例4**）、福生市におけるNPO法人やケースワーカーとの連携（**事例7**）、福井市の広報誌（**事例10**）、国分寺市における障害者と健常者の共生（**事例11**）、長野県や那覇市における多様な地域づくり（**事例5**、**事例8**）などの活動がある。このように、公民館は地域づ

124　第4部　地域をつくる社会教育

くりを支える学習拠点としての役割を担っており、今後さらに充実した活動を展開することが期待される。

　公民館以外にも社会教育行政が地域づくりを促進する事例は少なくない。本書の事例でいえば、川崎市における地域教育会議や寺子屋事業（いずれも社会教育行政の所管）による地域の教育力の向上（**事例2**）、長野県の生涯学習推進センターによる地域づくりの推進（**事例5**）、北区立文化センターにおける「地域理解講座」を通した住民の地域参加（**事例6**）、杉並区の「すぎなみ大人塾」修了生による地域での多様な活動（**事例9**）などが注目される。

　このように、公民館をはじめ社会教育行政が住民の学習活動を地域活動へとつなげ、学習成果を生かした地域づくりの活発化を促すことが重要である。そのような地域づくりの活動から新たな学習関心や学習課題が生まれ、さらに学習活動が活発になる、という循環—前述の「学びと活動の循環」—を促していきたいものである。社会教育主事などの職員には、それをコーディネートするための機能が期待される（第6章参照）。

② 学習成果の評価

　学習成果を地域づくりの活動に生かすためには、学習成果を適切に評価することも重要である。例えば、社会人の学習成果を評価する仕組みとして、非常に多くの資格・検定がある。その他、地方自治体や文部科学省が関与する評価の仕組みとして、次のものを挙げることができる。

　まず、地域における学習活動を対象としたものとして「生涯大学システム」がある。これは、都道府県や市町村を1つのキャンパスに見立て、大学などの高等教育機関、社会教育施設、各種団体、企業などの連携により学習機会の提供や学習成果の評価などを行うものである。連携機関・施設での講座で一定時間学ぶと「○○賞」がもらえるなどの仕組みをとる場合が多い。学習への励みと地域活動などでの学習成果の活用をねらいとしている。

　次に、高等教育機関での高度な学習の成果を評価する制度として、次のようなものがある。履修証明制度は社会人などを対象として一定のまとまりある学習プログラム（履修証明プログラム）を開設し、その修了者に対して法に基づく履修証明書（Certificate）を交付するものである。BP認定制度は、社

会人や企業などのニーズに応じた職業能力の向上を促す実践的・専門的なプログラムを「職業実践力育成プログラム」（BP: Brush up Program for professional）として、文部科学大臣が認定するものである。

　以上のように、学習成果を評価する仕組みは様々である。資格・検定や各種証明の取得者を適材適所で地域づくりに生かすことは可能といえる。しかし、地域づくりに要する知識・技術は多様かつ複合的であり、長期間にわたる経験を通して力量を蓄えてきた住民も少なくない。個人ではなく集団やコミュニティとして蓄積したノウハウもある。そのため、一定期間の限られた学習のみで資格・検定や証明書を取得した人材に依存しすぎるのは問題である。地域づくりでは、資格・検定や証明書の取得者に限らず、多様な人々及び集団・コミュニティの力量を生かすことが求められる。

③ 社会教育行政の新たな動向

　近年になって、社会教育行政の制度が大きく変わりつつある。既述のとおり、社会教育主事の有資格者が首長部局や民間機関においても社会教育士を名乗ることができ、公民館などの社会教育施設を首長部局の所管にすることが可能となる。既に、社会教育に関する行政の全体を首長部局に移している自治体も増えている。NPM（ニュー・パブリック・マネジメント）の一環として、社会教育施設に指定管理者制度を適用するケースも増加している。

　このように、社会教育に首長部局や民間機関（企業やNPOなど）が深く関与する傾向は、今後強まっていくであろう。地域づくりと学習の循環を発展させるという点からみたとき、この傾向は諸刃の剣である。教育委員会が全面的に社会教育を所管する場合に比べると、地域づくりに直結する学習の機会が充実するとともに、発想やネットワークが広がる可能性がある（事例6）。一方で、指定管理者のもとで消費者主義に覆われた学習事業が中心となったり、首長部局では市民主体の地域づくりにつながる学習事業が軽視されたりする可能性もある。社会教育士も有効に活用されるとは限らない。

　一方、地域学校協働活動の推進も注目すべき動向である。「学校を核とした地域づくり」という掛け声のもと、地域と学校の協働によって子どもの育成や地域づくりに取り組むというものである（詳細は第2章の2、第6章の3、

第8章の3）。今後の社会教育行政には、学校を拠点とした活動の中でも子どもと大人の学び合いや地域住民のつながりを広げ、**図7-1**に示したような地域づくりと学習の循環構造を様々な側面から充実させることが期待される。

　従来の社会教育行政の範囲にとどまらない社会教育の事業が拡大するに伴い、次章で述べるネットワーク型行政が充実し、社会教育と地域づくりとの関係、そして人々の学習活動と地域活動との関係を豊かにしていく必要がある。

（2）首長部局と民間部門の可能性

① 首長部局

　教育委員会に限らず、一般行政の部門でも地域づくりに関する様々な学習の機会が提供されている。環境部門の自然体験学習、福祉部門の介護講座、国際部門の異文化交流事業、農政部門の農業体験講座、男女共同参画部門の父親講座など、枚挙に暇がない。本書に挙げた事例の中でも、武蔵野市のけやきコミセン（**事例13**）では、地域づくりと学習の循環に関する良好な芽が出ている。実際のところ、けやきコミセンを含む武蔵野市のいくつかのコミセンでは、地域づくりにつながる学習が豊かに根付いている[7]。

　ここで、コミセンとはコミュニティセンターの略であり、武蔵野市の場合は一般行政の部門である市民活動推進課の所管となっている。武蔵野市には社会教育施設としての公民館がないこともあり、コミセンは市民が学習活動を行うことのできる地域施設として貴重な存在である。もっとも、武蔵野市の場合は、コミセンはすべて市民の自主運営となっているため、公民館主事に相当する職員が配置されていない。そのような事情から、地域の課題を学ぶこと、学んだ成果を地域づくりに生かすことについては、住民の主体性に委ねられており、実際には地域による違いが大きくなっている。

　このように、一般行政の各部門やその所管施設では個別の地域課題に対応する学習機会が提供されている。これらで学んだ成果を地域づくりにつなげる仕組みが重要である。

第7章　学びに基づく地域づくり　127

② 民間部門

　民間部門には多様な組織・団体があり、それぞれ地域活動に関する学習の機会を提供している。

　第1に、非営利組織としては環境・福祉・国際協力など、それぞれの社会的な課題に即して活動するNPO・NGOや各種の市民活動団体がある。これらの組織は、自らの取り組む課題をテーマに、講演会、シンポジウム、ワークショップなど社会教育に相当する学習機会を提供している。学習と課題解決をつなげている様子がうかがわれる。本書の事例でいえば、大鰐町の「OH!!鰐　元気隊」（**事例1**）、国分寺市障害者団体連絡協議会（**事例11**）、高知県の生態系トラスト協会（**事例14**）、宮城県のみやぎ連携復興センター（**事例15**）がこれらに相当する。なお、内閣府のNPOホームページによれば、NPO法人（特定非営利活動法人）の約半数は社会教育の事業を行っている。

　第2に、営利組織としての企業の場合、カルチャーセンター、スポーツクラブ、外国語教育施設、通信教育や職業教育を提供する企業など多様な事業主体が、「商品」としての学習機会を提供している。これらの学習機会で学んだ人々が地域活動にその成果を生かすことができれば、地域活動の質が高まっていくであろう。

　一方、企業市民としての側面に目を向ければ、CSRをはじめとする公益性に焦点を当てた活動が多様に展開されている。民間非営利組織に対する支援事業、社員対象のボランティア休暇、コミュニティ・ビジネスへの協力などである。本書の事例で取り上げたダイバーシティ経営（**事例16**）も、企業の立場から共生社会の構築に貢献するものであり、地域づくりを側面から支える活動といってよいだろう。

　第3に、大学などの高等教育機関の役割も重要である。従来、公開講座などによって地域活動や地域づくりに関する学習機会が提供されており、そこでの学習成果を生かした住民の地域づくり活動が各地で展開されている。近年では、学生のアクティブ・ラーニングの一環として地域での活動を奨励する傾向がある。学生にとっては大学教育の一環なので社会教育ではなく学校教育であるものの、そのような学生とともに活動する住民にとっては、学生との学び合いが社会教育の一環として位置づくこともあり、大学が地域の社

会教育の活性化に寄与する可能性を含んでいる。

注

1）廣瀬隆人「地域学に内在する可能性と危さ」『都市問題』98-1、2007 年 1 月号、pp. 48-56。

2）井上健治「学習」日本教育社会学会編『新教育社会学辞典』東洋館出版社、1986 年、pp. 66-67、東洋「学習」依田新監修『新・教育心理学事典』金子書房、1977 年、pp. 77-79。

3）田中雅文『ボランティア活動とおとなの学び』学文社、2011 年、p. 130。

4）デューイ『民主主義と教育（上）』（松野安男訳）岩波書店、1975 年、p.222。

5）同上。

6）Kolb, D. A. 1984, *Experiential Learning: Experience as Source of Learning and Development*, New Jersey: FT Press, p. 288.

7）日本女子大学人間社会学部生涯教育学研究室『「学び」からみた武蔵野市のコミュニティセンター』2015 年。

確認問題

(1) 戦後日本の社会教育の変遷を、地域づくりの側面から概観しなさい。

(2) 地域づくりと学習との関係を大別して 3 つに分けて述べなさい。

(3) 行政の首長部局と民間組織の担う社会教育の機能を述べなさい。

より深く学習するための参考文献や資料

• 牧野篤『公民館はどう語られてきたのか』東京大学出版会、2018 年（地域づくり拠点としての公民館に関する基礎的な知識・視点を網羅している）。

• 佐藤一子編『地域学習の創造』東京大学出版会、2015 年（地域づくりを促進するための学習活動について、豊富な事例をもとに論じている）。

• 田中雅文・廣瀬隆人編著『ボランティア活動をデザインする』学文社、2013 年（地域づくりの担い手としてのボランティアの実態と課題を、多様な分野を事例にとりながら論じている）。

事例 13 市民主体のまちづくりに取り組む けやきコミセン

1 まちづくりを推進するコミュニティ協議会

　町内会の制度を持たない東京都武蔵野市では、地域の拠点としてコミュニティセンター（以下、コミセン）を 16 館設置し、地域住民を中心とするコミュニティ協議会が各館を運営している。各コミュニティ協議会は、地域の課題や住民のニーズを探り、自分たちの手で住みやすい豊かなまちづくりを目指している。その活動の中核となるのが運営委員会であり、それをサポートする役割を担う協力員も配置されている。

　本稿では、けやきコミセンを拠点とする「けやきコミュニティ協議会」を取り上げる。同協議会は、後述「けやきの精神」にある「えらい人はつくらない」（ボス的な人をつくらないということ）を大切にし、自由で平等な人間関係を保ち、話し合いを大切にしながらコミュニティ活動を実践している。

　なお、武蔵野市ではコミュニティ協議会も通称コミセンと呼んでいるため、本稿では「けやきコミュニティ協議会」を「けやきコミセン」と略称する。

2 けやきコミセンの活動

⑴ まちづくり局

　けやきコミセンでは、広く人を招き入れるために「まちづくり局」を設置している。まちづくり局とは、わかりやすくいうと地域の「部活動」のような仕組みである。現在は、3 つのタイプで 13 チームが各々に活動している。

　　①講座・イベントを企画して参加者を募るタイプ（けやき塾、ゲームを楽しむ会、けやきあそび隊、からだほぐしとお食事の会、アートくらぶ、けやき囲碁のつどい）

　　②活動日を決めてチームで行うタイプ（けやきガーデナーズ、ぱそこん倶楽部、ナイトウォーク）

　　③活動日があり参加自由タイプ（けやき茶社、よみきかせ紙ふうせん、こもれびひろば、ボッチャ楽笑会）

　　チームは、必ず運営委員を含む 3 人以上のグループであり、けやきコミ

センを活動の場所とすることが条件である。活動の部屋を優先的に利用できるほか、けやきコミセンから活動費が支給される。

(2) けやき三大まつり

運営委員総出で行う三大イベントとして、けやきまつり（5月）、けやき夏まつり（8月）、どんど焼きとむかし遊び（1月）がある。まちづくり局のメンバーや協力員にも広く声をかけ、小中学校の教職員にも交代でお手伝いをお願いする。夏まつりでは、商店街青年部の太鼓会が盆踊りで活躍する。どんど焼きとむかし遊びでは小学校の校庭を借りるため、隣接の緑町コミセン、大野田あそべえ、青少協大野田地区委員会、大野田小学校PTAとの共催で実施している。このようにして、地域の多様な主体をつないでいるのである。

どのイベントも多くの人々でにぎわい、毎回のように手伝ってくれる市民が新しい人を誘い、新しい輪が生まれている。新しいつながりができることで今まで見えなかった課題も見えるようになる。それらをきちんと拾えるように、耳や目を傾ける気持ちを忘れないようにしている。

(3) 運営委員会

コミセンの管理運営やまちづくりでは、協議会内部のみならず他団体とのつながりにも気を配る必要がある。そのため、運営委員会の時には、地域の複数の団体に属している運営委員を通して、他団体のイベントの案内だけではなく、地域のこととして様々な情報を共有することを意識している。

けやきコミセンの運営委員会では、黙って聞くだけの会議にならないように、誰もが自分の意見を伝えられるようにしている。多くの意見を聞いて、単純な多数決にならないように会議を進めている。武蔵野市のコミュニティ構想の基本理念である自主参加を大切にし、一人ひとり及び皆の協力を大切にする。その気持ちの具体化がコミュニティである。

(4) 自由な話し合いの場

けやきコミセンの今後のことを話し合える場として、けやき学舎としゃべり場が用意されている。しかし、話し合うことにも訓練が必要である。これらの場では、伝えること聴きとることを実践する中で、様々なことを学び、話し合いの仕方が上手になっていく。ここでの話し合いから企画へ、そして実行へと

事例13　市民主体のまちづくりに取り組むけやきコミセン　131

移行していったものが、地域通貨と子どものまちである。

3 地域通貨と「こどものまち」の実践

(1) 地域通貨への取り組み

　活動の発展に伴い、敷居が高くなったといわれることが増えた。そこで、多くの住民と連携して活動する方法を模索し、専門家にも相談して行き着いたのが地域通貨であった。地域通貨をエトと名付け、エト研究会を組織し、その活用方法を研究した。地元大学の学生の協力も得て、エト市という名のもとにエト券で焼き芋、本、瀬戸物などと交換できるイベントも開催した。

　この地域通貨を体験する中で、ドイツのミュンヘンで行われている「ミニ・ミュンヘン」(仮想の自治体をつくって子どもだけで運営する事業であり、その場だけで通用する地域通貨が使われる)を知ることとなった。

(2) 子どもがつくるまち「むさしのミニタウン」

　「ミニ・ミュンヘン」を模した日本国内での活動は総称「こどものまち」と呼ばれ、まち(仮想自治体)の運営だけでなく、その事業を企画する段階から子どもが参画していることが特長である。

　しかし、地域の子どもたちと企画の段階から係わっていくには、工夫が必要だった。子どもの参画を実現するには、子どもたちが考えたことを表現できる場が必要であり、考えに寄り添える大人も必要になる。目標に向けて、様々な情報を探し、知らなかったことを知り、多くの学習を積み、実現に向けて皆が動き、話し合い、それらを積み上げて武蔵野市らしい子どものまちをつくることに向けて、皆が動いた。市役所にも相談し、担当者を付けてもらった。小型バスを借り、子どもたちを集めて千葉県佐倉市の「ミニさくら」の体験に出かけた。帰りのバスの中で「来春は、武蔵野市でやろう‼」と子どもたちとともに声をあげた。その他の地域の「こどものまち」ともつながり、互いに参考にし合った。

　そのような準備を経て 2007 年 3 月、子ども実行委員 42 名、おとな実行委員 33 名により、初めて「むさしのミニタウン」を開催することができた。地元の小学校を会場に 2 日間行い、子どもの参加 1,035 人、おとなの入村者 309 人、おとなスタッフ 122 人となった(数字はいずれも 2 日間の延べ人数)。当日の様子を子どもたちが取材・編集して、ケーブルテレビで放映された。この活動は、

8回まで続き一旦終了となった。参加した子どもたちから企画・運営プランが出ることを楽しみに待っているところである。

3 すべての人がつながれるために

けやきコミセンの近くに福祉作業所があり、そこで働く障害者の方々が、けやきコミセンを散歩で時々訪れる。花壇やプランターの世話を行っている「けやきガーデナーズ」の作業日には、手伝いにも来てくれる。そのような背景から、地域で暮らす障害者の余暇活動として、パラリンピックの正式種目となったボッチャを楽しむ、ボッチャ楽笑会を立ち上げた。これから高齢者が増えるため、コミセンの活動にもさらなる工夫が必要になるだろう。

けやきコミセンには、下記のような「けやきの精神」が定められている。

えらい人はつくらない。／みんなが自分の頭で考えてみる。自分の意見を持つ。思ったことを言ってみる。／よく話し合い、どこかで接点を見つけよう。／現状に安住しない。新しいこと、新しいものに対する好奇心を。／けやきの心は「ユニークで開かれたもの」。新しいものへのチャレンジ精神を大切に。／……等々

これらを大切にしながら、子ども、障害者、高齢者を含め、すべての人がつながれるような地域社会を目指していきたい。

高橋優子　けやきコミュニティ協議会運営委員。今はない「子育て井戸端会議」への参加をきっかけに、けやきコミセンが自分の居場所となった。3人の子育てと自営業に従事しながら、コミセンの活動をとても楽しんでいる。

事例 14　ナショナル・トラストでヤイロチョウの森を守る活動

1　ナショナル・トラストへの取り組み

「ナショナル・トラスト」は1895年にイギリスで始まったもので、国民にとって優れた景観や歴史的な建物を、募金やボランティア活動によって保全していく市民活動である。日本では、1960年代に鎌倉の風致地区の森を保全する活動として始められ、現在では北海道から沖縄まで広がっている。

1994年2月、当協会は政策提言型の市民団体「高知県生態系保護協会」として設立された。2002年頃からは、ナショナル・トラスト手法による活動に中心軸を移し、2005年7月に「生態系トラスト協会」へと名称を変更した。

設立当初は、絶滅の恐れのある四国のツキノワグマ個体群の保護、子どもたちが土の畦道で身近な動植物とふれあえる自然環境の保全を目指す「めだかトラスト」活動などに取り組んだ。その後、初期の活動メンバーの独立や高齢化等により停滞した活動も出てきた。本稿では、現在も高知県で継続的に活動している「四万十ヤイロチョウの森トラスト」を報告する。

2　ヤイロチョウの保護と社会教育

(1)　生息地を脅かされたヤイロチョウ

ヤイロチョウは、初夏にごく少数が日本に飛来して繁殖する全長18〜20 cmの夏鳥である。1937年に日本で初めて高知県四万十川流域の森で営巣が確認され、1964年には「高知県の鳥」に選ばれた。しかし、多くの県民にとっては見ることも稀な「まぼろしの鳥」と呼ばれる状態だった。1970年に高知大学に入学し、学生サークルとして「野鳥の会」を設立した筆者も、野外で一度もヤイロチョウの姿を見ることができないほど

ヤイロチョウ（撮影：中西和夫）

であった。それほど希少な存在だったのである。

　1987年に総合保養地域整備法（通称：リゾート法）が施行され、高知県では
ヤイロチョウの生息地の森がゴルフ場開発などに脅かされた。当時、財団法人
日本野鳥の会の保護部長として東京で勤務していた筆者は、開発によって生息
地が失われていくヤイロチョウを絶滅から救うため、ふたたび高知県に戻った。
そして、ナショナル・トラスト手法により、ヤイロチョウの保護区を取得する
活動をスタートさせたのである。

⑵　住民の学びを絡めたトラスト運動

　筆者はまず、ヤイロチョウの PR と財源の確保のため、高知市で『お菓子の
ピッタ』（ヤイロチョウの英名 Fairy Pitta から命名）という店を家族で開いた。す
ると 1994 年頃、その店を訪れた旧大正町の町長から、「大正町の鳥・ヤイロチ
ョウ」を使った町おこしへの協力を依頼されたのである。そこで、設立間もな
い当協会が旧大正町でヤイロチョウの生息調査を行うことになり、その結果、
同町の下道地区にある森に、毎年一番（ひとつがい）のヤイロチョウが飛来し
営巣していることがわかった。

　しかし当時、絶滅危惧種のヤイロチョウの生息地はマスコミ等でも極秘扱い
だったため、町の鳥・県の鳥に指定されていながら、大正町民も高知県民も、
ヤイロチョウの具体的な情報を知る機会がほとんどなかった。そこで町長の配
慮もあり、町商工会や青少年育成協議会などと協力し、公民館を拠点にヤイロ
チョウや名所のあるホタル生息地など、町の貴重な自然について学ぶ活動を展
開したのである。当時、町にあった高校が「四万十高校」に改称し、自然志向
の強い生徒を全国から募集する取り組みも始まっていた。

　町の公民館での学習活動や、地元高校生の参加によるヤイロチョウの DVD
を作る活動なども、室内学習だけでは次第にマンネリ化した。局面が変わった
のは、こうした地味な学習活動を続けて 8 年目、県外に居住していた地権者か
らヤイロチョウが生息する森を購入する同意を得た後だった。

　2002 年 3 月、取得に必要な資金を確保するため、一口 1 万円で森を買う資金
を募る「一口オーナー募金」を開始した。すると、全国紙で大きく報道された
こともあり、わずか 3 か月で全国の約 500 名から総額 1,000 万円を超す募金が
寄せられ、同年 7 月に 9.5 ha の森を取得。「四万十ヤイロチョウの森トラスト
1 号地」と名付け、森の近くの小学校跡地で、町長・集落住民・地元の高校生

なども参加して祝賀イベントを行った。保護区としてこの森の整備を進めるとともに、次第に周辺の森も買い取っていった。

(3) 自然林再生プロジェクト

　ヤイロチョウは、樹冠が茂って地表に光が届かない樹齢30年以上の広葉樹林で暮らし、落ち葉の下のミミズ類を主な餌にしている。そのため、当協会は現存する広葉樹林を中心に森を買い求めてきた。さらに、取得したトラストの森に近接しているスギやヒノキの人工林も買い取り、その伐採跡地に広葉樹林を植樹して自然林を再生するための計画もたてた。

　そのような折、2015年、支援企業からの大口寄付金により「自然林再生プロジェクト」を始めることができた。具体的には、当協会が取得した森の尾根筋まで試験研究路を開設し、ヤイロチョウが生息する自然林再生を実現するための様々な課題を研究することにしたのである。

　当時は全国各地で野生のシカが急増し、北海道の阿寒湖畔では自然林までシカの食害被害が広がっていた。そうした被害地を視察した結果、古い漁網を使用した広い捕獲柵を設置して「シカの生体捕獲」を行うことにより、自然林再生の障害となっていたシカの増えすぎを防げることがわかった。「ヤイロチョウのさえずる町づくり」でも自然林の保全対策が欠かせないことから、前述のとおり支援企業の寄付金を用いて、人工林の中を尾根筋まで延長2km・標高差350mの軽トラの通れる道を開設し、シカの生態調査から開始したのである。

(4) 社会教育を生かした森づくり

　当初の計画によれば、スギやヒノキの人工林を伐採した跡地については、天然更新で自然林へと再生する予定だった。しかし、(3)で述べた調査の結果、シカ食害防止カバーを取り付けてヤマザクラ、モミジ、ヤマグリ、クルミなどの広葉樹の苗木を植樹しなくては、野生生物にも人間にも魅力のある自然林が再生できないことがわかった。

　一方、ヤイロチョウが生息する地域では、集落から子どもの声が聞こえなくなって久しい。それは、日本中の過疎地に共通する課題でもある。

　そのような背景から、当協会は2018年3月、公募により親子植樹イベントを開始した。自然林再生プロジェクトでは、シカ食害対策を施した広葉樹の植樹が必要になる。これを奥山の過疎地の人々だけで取り組むのではなく、四万

十川の下流域や、高知市などの大都市の親子にも参加を呼びかけ、広葉樹を植樹する際に自分の名前を付けて植樹することにしたのである。都市住民の親子が植樹に参加することにより、ナショナル・トラストで交流人口を増やし、森を調査や観察の対象としてのみならず、森の問題を理解し、長期的な森づくりについて学ぶ社会教育の場としても活用し、これまでにない森づくりを進めることにしたのである。

3　今後の展望

　平成の大合併により、2006年3月に旧大正町は近接する窪川町や十和村と合併してできた「四万十町」の一部になった。行政区域が大きく広がっただけでなく、当協会が所有するトラスト地も県内19か所、合計296 haに広がるなど、ナショナル・トラスト団体としての活動範囲も広がった。

　植樹に参加した親子がお花見、紅葉狩り、動植物の観察の他、森をもっと楽しめるように、「ヤッホー展望台」や「森のブランコ」なども設置した。ナショナル・トラストで保全した自然林は、成長してヤイロチョウが戻ってくるまで20～30年かかる。その間、都市部に暮らす子どもたちが、「ワンダーランドの森」「ふるさとの森」として持続的にこの自然環境を活用していけるよう、環境に配慮した社会教育に取り組んでいきたい。

　広葉樹の植樹イベントに参加した親子がナショナル・トラストを進める第二世代となり、新たな森の取得や植樹体験を含む社会教育活動の担い手として、大きく育っていくことを期待している。

中村滝男　公益社団法人 生態系トラスト協会・代表理事。1951年7月5日、山口県生まれ。子ども時代に農薬、乱獲、乱開発の影響で、野生生物が激減するのを見て、野生生物と共存する社会の実現をライフワークに選んだ。

第8章 ネットワークの展開

本章では、ネットワークを定義した上で、社会教育の分野におけるネットワークのイメージを事例に基づいて記述し、そうしたネットワークの効果を高めるための社会教育行政の課題を、ネットワーク型行政と社会教育士に着目して整理する。続いて、地域と学校の協働について説明し、最後に新しい社会教育経営の方向性をまとめる。

キーワード ネットワーク、ネットワーク型行政、社会教育士、地域学校協働活動、コミュニティ・スクール

1 学びからみたネットワーク

(1) ネットワークとは何か

グラフ理論によれば、ネットワークとは個人や組織を表す点（ノード）と、それらの点を結ぶ線（リンク）で構成されるものの総体である[1]。

社会教育の分野で「点」にあたるのは、個人としては学習者、学習支援者、社会教育に関する委員、社会教育職員など、組織としては社会教育関係団体、社会教育施設（機関）、社会教育行政部門などである。ただし、各章で既述のとおり、学校教育機関、首長部局、民間部門も社会教育に深く関わるため、これらに属する個人や組織も社会教育に関わる「点」として重要である。地域づくりとの関係から社会教育を捉える場合は、なおさらである。

それでは、「線」にあたるものは何だろうか。例えば連携・協力・協働などの関係、サービスの授受、物品のやりとり、言語や文字などを媒介とするコミュニケーションなど、社会教育をめぐるすべての相互行為がそれにあたる。あるいは、そうした相互行為を生み出す基盤としての法制度や規則、会則など、個人や組織の行為を統制するようなルールも「線」に相当する。さらには、相互行為とはいえなくても SNS などのインターネットや各種メディアを通した（一方向の）つながりも「線」に含めることができるだろう。

138 第4部 地域をつくる社会教育

以上のような抽象的な説明ではわかりにくいので、公民館と地域づくり団体の活動を例にとって、具体的にイメージしてみよう。

(2) 公民館活動におけるネットワーク

　公民館は、地域内外の多様な個人・組織との関係に支えられて活動している。ここでは、那覇市若狭公民館（**事例8**）を中心とするネットワークをみてみることにする。

　まず情報発信の工夫として SNS、メールマガジン、広報誌に力を入れているので、それらのメディアで公民館とつながる人たちがいる。広報誌の作成・配付においては、小中学校及びその教職員・児童・生徒、新聞販売店、協賛広告を出す企業などとのつながりもある。

　次に公民館になじみのない市民へのアプローチにおいては、次のような人たちとつながっている。第1に、「朝食会」に関しては朝食会及びその企画ワークショップの関係者である。第2に、シングルマザー対象の子育て講座では、当事者及びその団体「しんぐるまざあず・ふぉーらむ沖縄」、講座に参加した乳幼児、シングルマザーの支援者などとのつながりがある。第3に、在住外国人との交流企画では、在住ネパール人の方々、沖縄ネパール友好協会、ネパールからの留学生、日本語学校などと関係を持っている。第4に、防災イベントでは、地縁組織、行政、防災・青少年育成・まちづくりに興味のある市民、学生サークル、大学のゼミなどが関わりを持っている。

　さらに、多様な事業企画の後押しや遠隔地域へのアプローチ、職員の力量向上に向けた手引き書の作成でも、それぞれの活動の中で多様なつながりが生まれている。

　以上のように、活動の1つひとつの中で多様な個人・組織（点）とのつながり（線）が生まれ、その総体が若狭公民館を結節点としたネットワークとなっている。このネットワークが、社会教育における学習を支えているのであり、また学習を通した地域課題の解決を促すための基盤になっている。

(3) 地域づくり団体におけるネットワーク

　地域づくりの団体も多様な個人・団体とつながってネットワークを形成し

ている。ここでは、社会教育の活動を包含する市民団体「まち森ネット」（仮称）を例に取り上げて説明する。

① 森の生態系を育む「まち森ネット」

「まち森ネット」（会員30名）は、大都市郊外の住宅街に残された小さな森「ドングリの森」の保全活動を行う市民団体である。まちの中の森を市民ネットワークで守り育てるという想いから、この団体名がつけられた。活動目的は、この森を生物多様性の観点から生態系豊かな自然環境へと育てていくことである。そのため、月2回の定例作業（ゴミ拾い、笹刈り、樹木管理など）では、できるだけ草を残して生態系ピラミッドの基礎を豊かにするよう心がけている。ただし、他の植物への攻撃性が強い外来種については、できるだけ除去している。

「まち森ネット」は、生態系や森の保全に関する専門家・専門機関のネットワークを熟知しており、必要に応じて相談してアドバイスを受けながら植物と生き物の調査を行い、その結果を作業にフィードバックしている。そのため、昔からこの地域で生きていた植物や生き物が増えてきた。

② 市や多様な個人・組織との連携

「ドングリの森」は市有地である。そのため、「まち森ネット」は市の公園緑地課に緑化ボランティア団体として登録し、若干の助成金を受けて活動している。市の公園緑地課とは常時連絡を取り合い、連携している。

地元の学生ボランティア団体や企業と提携し、定例作業にそれらの関係者も参加する。地元の高校の生徒も、体験型授業の一環で参加している。「ドングリの森」をフィールドにしている「森のようちえん」の保護者たちや、発達障害の子どもたちのグループも、年1～2回参加する。毎回の活動は、ホームページ、メーリングリスト、森の中の掲示板を活用して不特定多数の人々に案内している。こうして、定例作業には幼児、小学生から高齢者まで多様な世代が集まり、和気あいあいと活動している。

このように、「ドングリの森」を拠点に多様な人々のネットワークが生まれ、一種のテーマ型コミュニティを形成しているといえるだろう。

「まち森ネット」は同時に、他地域における森保全の市民団体とも交流し、広域的なネットワークをつくっている。それを介して、活動の成果や課題について情報交換し、学び合っているのである。

③ 社会教育関係団体として

同団体は市教育委員会に社会教育関係団体としても登録し、自然環境に関する様々な啓発・教育の活動も行っている。市主催の環境フェスタや地域コミュニティの文化祭には、毎年出展している。地元小学校の授業に協力し、「ドングリの森」で体験学習の機会を提供している。この森をフィールドにする子どもエコクラブもあり、その指導者は「まち森ネット」の会員である。

こうして、教育関係の機関・団体ともつながり、環境教育・環境学習に関するネットワークを形成している。それを通して、学校教育と社会教育をつなぎ、地域づくりの分野と教育の分野の橋渡しに寄与している。

④ 地域の施設・機関などへの協力

地域の各種施設・機関の事業にも協力している。「まち森ネット」の代表は市民活動センターの運営協議会の委員長、副代表は地元コミュニティ協議会の会長、事務局長は公民館の文化祭の実行委員長である。代表は、地元小学校の学校評議員も務める。市のボランティアセンターからは、時折ボランティアの受け入れを依頼される。地元農家には森の落ち葉を提供し、循環型農業に協力している。

地域には、地域づくりに関する機関・団体の様々なネットワークがある。「まち森ネット」は、これらのネットワークにも関わり、各機関・団体との間にwin-winの関係を生み出しながら活動を展開しているのである。

⑤ ネットワークからみた「まち森ネット」

以上で概観したように、「まち森ネット」は森の保全という面から地域づくりに取り組む団体であるものの、多様な啓発・教育を実践する社会教育の団体でもある。森の保全活動自体が一種の環境学習活動ということもできる。

これらの保全活動、社会教育活動を実践するために、様々なネットワーク

第8章　ネットワークの展開　　141

と関わりを持っている。ここに挙げただけでも、専門家・専門機関や地域づくりのネットワークに関わると同時に、「ドングリの森」を拠点とするネットワーク、広域的な森保全団体のネットワーク、地域における環境教育・環境学習のネットワークを生み出しているのである。

2　ネットワークからみた社会教育行政の課題

(1)　ネットワーク型行政

　社会教育の事業や活動を促進するためのネットワークの必要性については、1998 年の生涯学習審議会答申「社会の変化に対応した今後の社会教育行政の在り方について」の中で、主に行政の課題を指摘する形で「ネットワーク型行政」という言葉を用いて提案された。

　同答申の文章を要約すると、「ネットワーク型行政」とは、広範な領域で行われる学習活動・社会教育活動を、社会教育行政の部門が中核となって、学校教育機関や首長部局と連携するとともに、生涯学習施設間や広域市町村間の連携などにも努め、様々な立場から総合的に支援していく仕組みである。一言でいえば、社会教育行政が行政内外の学習関連組織・施設と連携し、学習支援の総合的なネットワークを形成するということである（**図 8-1** 参照）。

　前節の内容との関連で説明すると、次のようになる。

①　公民館活動の場合

　公民館活動については、公民館自身が多様な個人や組織のネットワーク化を図り、それを基盤として地域課題の解決に資する学習事業を展開していた。しかし、公民館を所管する社会教育行政の部門が、当該公民館の地域が抱える課題に関連する行政諸部門と連携するとともに、民間の関連組織などとも協力関係を結び、当該公民館の事業を支援するようなネットワークを形成することにより、公民館事業の成果がより大きなものになっていくに違いない。いわば、地域課題の解決に取り組む公民館活動を支援するネットワーク型行政である。

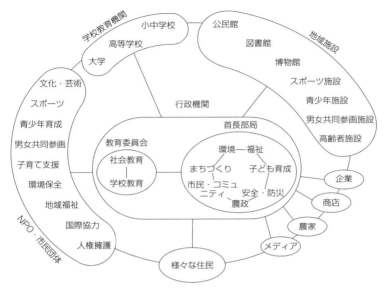

図8-1 ネットワーク型行政のイメージ例

②「まち森ネット」の場合

　地域づくり団体の「まち森ネット」については、この団体が多様な組織や個人とつながることで、森の保全と学習に関する様々なネットワークの中に位置しており、またこの団体自体が複合的なネットワークを形成していた。この効果を高めるためには、公園緑地課や環境政策課といった緑・環境行政と社会教育行政との連携が重要となる。あるいは、森の保全活動や学習活動への多様な市民の参加を促進するためには、高齢者福祉、青少年育成、男女共同参画などの行政部門がそれぞれの関係する市民層にアプローチすることが肝要である。それらの部門も包含したネットワーク型行政を確立し、森の保全・学習を促進する総合的な行政の体制を整備することが課題となる。

　本章で挙げた事例に即してネットワーク型行政のイメージを表現すれば以上のようになる。社会教育行政が中心となったこうしたネットワークが、学習活動や地域づくりのネットワークの形成と充実を促進するとともにそれら

とつながり、行政、住民、企業、NPO、大学などの学び合いと総合的な地域づくりが推進されていくことが期待される。

(2) 社会教育士への期待

　2020年度から制度化された社会教育士（その意味は第2章の3参照）は、社会教育行政のみならず、学校教育機関や首長部局、企業、NPO、大学などあらゆる組織・機関の職員、さらには地域住民などの個人が称号として使用できるものである。今後は、それらの社会教育士が、学習活動やその成果を生かした地域づくりをコーディネートすることが期待される（第5章の3参照）。**図8-1**でいえば、社会教育の行政部門に社会教育主事、他の行政部門や民間部門に社会教育士が配置され、社会教育主事を中心にすべての社会教育士がネットワークを形成して連携・協力する、というイメージである。

　宮城県のみやぎ連携復興センター（**事例15**）の復興活動においては、表及び図における「①主体者」（地域住民、自治会）自身による復興活動を、「②支援者」（地域に密着した支援団体、地域づくり団体、まちづくり協議会）、「③支援者の支援者」（支援者支援団体への支援を行う団体、NPO支援を行う団体が支援団体）が支援する立場で活動している。これらのスタッフが社会教育士であれば、学習支援のノウハウを組み込んだ支援が可能となる上、社会教育士のネットワークのもとに連携・協力しながらノウハウを共有化・総合化することができる。さらに言えば、「③支援者の支援者」としての社会教育士は、「②支援者」である複数の社会教育士をコーディネートする立場にもなり、重層構造のもとに社会教育士集団の総合力を発揮することもできる。

　なお、社会教育士の役割は、地域づくりにとどまらず、あらゆる分野で期待されるものである。例えば、本章の事例で挙げたダイバーシティ経営（**事例16**）は、共生社会の構築に向けた企業の取り組みである。これは地域を超えた社会全体に広がりを持つ取り組みであり、そこでは多様な立場にある当事者や関係者がダイバーシティ課題の解決に向けて、学習と活動を循環的に実践する。このような取り組みでは、ダイバーシティ経営を重視する企業のネットワークと、ダイバーシティに関する学習活動や学習支援に取り組む人や組織の学習促進のネットワークの相互乗り入れが重要となる。それをコー

ディネートする専門的人材がいると効果があがると思われる。社会教育士の取得者がそのような人材として活躍することが期待される。

3　ネットワークとしての地域学校協働活動

(1)　地域学校協働活動の登場

　第2章の2、第6章の3で紹介したとおり、文部科学省は地域学校協働活動という考え方を打ち出している。これは、学校と地域が協働体制を組んで緩やかなネットワークを形成し、ひいては「学校を核とする地域づくり」を目指すものである（詳細は上記の各章を参照）。

　しかし、実効性のあるネットワークを形成するには、コーディネート機能が必須である（第6章参照）。そのような観点で第2章の**図2-1**をみると、地域側には地域学校協働活動推進員というコーディネーターが置かれているものの、学校側にはそれが抜けている。学校側にも地域との協働の窓口が必要である。そのような見地から、栃木県では地域連携教員制度を設け、地域連携教員を公務分掌に位置づけており、注目すべき試みといえる（**事例3**）。

　さらには、社会教育士が地域の各機関・団体に置かれること、地域学校協働活動推進員や地域連携教員が社会教育士を取得すること、そして社会教育主事が総合的なコーディネート機能を発揮することにより、それらの効果は一層高まっていくものと思われる。

(2)　学校との協働がもたらす効果

　上記のようなネットワークが有効に機能すれば、学校と地域社会との協働活動は次のような効果をもたらすと考えられる。

①　社会を担う大人の育成

　地域には様々な技術・知識を持つ住民が生活している。それらの住民が学校教育に協力することによって、地域の歴史・文化・自然資源を生かした教育、グローバル化に伴う最新の技術・価値観を学ぶ活動、ワークショップなど新しい形態の学習活動が可能となる。このようなことを通して、「社会に

開かれた教育課程」が実体化していく。

　一方、社会教育の側に立てば、学校との連携によって地域の社会教育に子どもたちの参加を促すことができる。子どもたちは、豊富な経験を通して、社会を担う大人になるための能力や態度を培うことができるのである。

② 大人の学習と地域教育力の向上

　地域学校協働活動を通して、大人と子どもの交流が活発になる。そのことは、子どもたちからの反応を受けた大人の側にも気づきや反省を促し、大人自身の学びと成長につながる。大人と子どもの学び合いが豊かになるといえる。子どもには、大人の学習を促進する「天性の教育力」が備わっているといえるだろう。ひいては、それが地域の教育力の向上にもつながる。

③ 地域づくりに対する効果

　総合的な学習の時間に、地域団体と一緒に雑木林の育成活動を行う場合、子どもたちにとっては授業でもあり、地域づくりの活動への参加にもなる。つまり、1つの活動が学校の授業でもあるとともに、地域づくりともなる。

　そのような直接的な効果とともに、間接的な効果もある。つまり、学校との協働活動を通して、地域住民の出会いの場が増え、それが多様な住民をつなぐ。②で述べた大人の学習や成長も、地域づくりに効果をもたらす。子どもたちについても、学校の授業などでの大人たちとの出会いが、地域の社会教育や様々な活動への参加に結びつく。これらのネットワーク形成や子どもの地域参加は、地域づくりの様々な活動を支える基盤となる。

4　今後の展望─新しい社会教育経営を目指して

　国による地方創生の総合戦略が進む中、地方自治体の自立性が強く求められている。しかし、各自治体の財政事情は厳しく、多額の財源に依存する基盤整備や手厚い行政サービスは限界にきており、住民自治や住民と行政との協働による地域づくりが必須の課題となっている。住民自身が地域運営に大きな責任を負う時代になったといえよう。つまり、地域課題を自ら把握し、

住民同士で解決策を学び合うことの必要性が高まっている。

　このような潮流のもとで、地域づくりに対する社会教育の貢献が求められている。住民の学びを支え、地域をよりよい方向に導いていくための学習を促進することが社会教育に課せられた大きな役割なのである。

　本書では、以上の観点から、新しい社会教育経営の姿を描こうと試みた。地域づくりを促進する学習や人材の在り方を考察し、それを支える社会教育行政、社会教育施設、社会教育職員の課題をコーディネート機能とネットワーク形成の視点を中心に整理した。さらに、地域と学校との協働の推進も社会教育経営の重要な課題として位置づけた。これらを着実に満たし、社会教育が地域活性化を支える基盤として充実していくことが期待される。

注

1）古市憲寿「ネットワーク」大澤真幸・吉見俊哉・鷲田清一編『現代社会学事典』弘文堂、2012年、p. 1005。

確認問題

(1) ネットワークの構成要素を説明しなさい。
(2) ネットワーク型行政とは何かを説明しなさい。
(3) 学校と地域社会との協働がもたらす効果を説明しなさい。

より深く学習するための参考文献や資料

• 日本社会教育学会編『学びあうコミュニティを培う―社会教育が提案する新しい専門職像―』東洋館出版社、2009年（「学びあい」を促すための課題を多様な側面から整理している。そこから、ネットワークに関する視点を学ぶことができる）。
• 日本社会教育学会編『学校・家庭・地域の連携と社会教育（日本の社会教育 第55集）』東洋館出版社、2011年（学校・家庭・地域の連携について、基本的な原理を整理するとともに、事例分析を行い、社会教育との関係や行政の役割を考察している）。

事例 15 「主体者」と「支援者」がともに進める復興活動

1 長期的な復興活動に取り組む「主体者」と「支援者」の抱く困難さ

2011年3月11日に発生した東日本大震災は、大規模な津波被害、福島第一原子力発電所の事故による影響など、社会を揺るがす大災害であった。宮城県内では最大震度7を観測し、大規模な津波が沿岸市町に押し寄せ、宮城県総務部危機対策課「東日本大震災における被害状況」（2018年10月31日現在）によると、死者数10,564名、行方不明者数1,222名である。

大災害により家族や生業を一瞬にして喪失してしまった地域住民は、避難所、仮設住宅、そして終の住処へと度重なる移転の中で、不安定な状況に置かれている。そのような中で地域住民は、大切な仕事や家族など「人生のよすが」を失ったことによる喪失感や、「もう何をやってもだめだ」という無力感を抱きやすい。そうした状況の中でも、被災経験を受け止め、もう一度地域を再生しようとする忍耐強い取り組みが数多く行われている。

被災地域外からも、「何か役に立ちたい」という使命感、時にはもっと強く「被災地域のために何か役に立たなければ」という義務感を抱いたNPOやNGOのような支援団体、ボランティアなどの個人も被災地に赴いている。そうした人々は強い想いを持ち被災地に赴いていることもあり、なかなか復興が進みにくく見える状況に、「自分は復興に本当に貢献できているのか」という無力感、過剰なまでの責任感を感じてしまう様子もよく見聞きする。

本稿では、筆者の所属するみやぎ連携復興センターでの取り組みを踏まえ、復興の「主体者」と「支援者」をエンパワーする仕組みについて考察する。

2 復興の「主体者」と「支援者」のパートナーシップで拓く地域復興

地域でのコミュニティづくりの重要な「主体者」は、そこに暮らし生業を営む地域住民自身である。地域住民主体の復興を、後方からサポートしているのが、NPOやNGOなどといった「支援者」たちである。「主体者」と「支援者」では、被災地で復興活動に取り組む背景が異なるが、震災によって、自分の人生観や生き方が影響を受けているという意味では、双方ともに震災の当事者と

もいえる。復興の現場では、「主体者」も「支援者」も、自分にできることの限界と、それでも復興に向けて取り組みたいという意志を抱きながら、正解のない復興活動に取り組んでいる。そのため、想いと現実のギャップの中で葛藤が生まれやすく、ともすると活動が立ち行かなくなることもあるため、「主体者」と「支援者」がそれぞれに尊重されたパートナーシップの在り方が重要になってくる。

(1) 「主体者」支援──地域をつくる自信と、存在を生かし合う喜びを重ねる

地域住民が新しく住み始めた土地で、喪失感や無力感を越えて、生きがいを持って生きるために、地域住民自身が地域の中に役割を持ち、他者との関係性を育めるような「主体者」支援が必要である。被災沿岸部では自治会の連合組織「まちづくり協議会」が生まれたことにより、夏祭りが復活した。自治会と地域外から入った「支援者」が、地域住民の背中を「やれます、やってみましょう」と時には力強く、時には寄り添いながら実行へと伴走したのである。「支援者」は、地域住民が活躍できる場を設ける。地域住民自身は、地域の中で様々なチャレンジを積み重ねる中で他者と交流をする。そこで「支援者」と地域住民がともに「自分たちの地域を自分たちでつくれる」という自信を深め、互いの存在を生かし合う喜びを重ねることになる。

(2) 「支援者」支援──活動が地域にもたらした価値を捉える支援

地域住民を後方から支える「支援者」は、地道に地域住民への働きかけを行っているが、時に高い責任感や使命感のため、また復興や地域づくりという成果を測りにくい活動の中で、「自分たちの活動はあまりにも微力すぎる」または「復興を阻害しているのではないか」「やっている意味はあるのだろうか」という、無力感よりも強い自己否定の感覚である無価値感を抱きやすい。そしてその無価値感が強い責任感に拍車をかけ、オーバーワークを生み出してしまうことがある。そこで「支援者」に対しては、活動の価値に気づき、成果や課題を適切に把握できるための支援が重要である。例えば、NPO など社会や地域の変革を目指す組織づくりの専門家と、事業の価値をふり返り整理する機会や、支援団体同士で交流し、活動の悩みや喜びを共有する機会が有効である。そうした場があるからこそ、必要のない無価値感に惑わされず自分を信頼し、地に足の付いた活動を持続させることができる。

3 「主体者」と「支援者」が支え合い地域復興を促進するバネになる

このように、復興の「主体者」と「支援者」が、それぞれの抱える困難さを乗り越えるために、双方をエンパワメントする支援が不可欠である。

「支援者」は、地域住民などの「主体者」が活躍できる出番づくりや少し先の先進事例から学ぶ機会をつくる。並行して、地域活動の住民合同のふり返りの実施や、活動のプロセスや成果を知らせる広報誌などの配布によって、地域住民同士がつながるネットワークをつくる。

東日本大震災からの復興のために創設された一般社団法人みやぎ連携復興センターは、そのさらに後方から支援団体を支える「支援者の支援者」の役割を持つ。「支援者の支援者」は、「支援者」が自らの活動の価値に気づけるような支援や、「支援者」が集い、悩みを吐露しやりがいを共有できるつながりの機会を創出する。地域住民の力を引き出し生かすための工夫や、「いつまで"支援"を行うのか」など「支援者」としての心の揺れを分かち合い、活動に向き

「主体者」「支援者」「支援者の支援者」ごとに必要な支援・情報

	分類	担い手 （プレイヤー）	必要な支援	
			個人・団体への支援	ネットワークへの支援
①	主体者	・地域住民 ・自治会	・地域住民が地域で活躍できる出番・役割づくり （お祭りや地域行事への参画を促す） ・地域住民のやる気を促進する先進事例の学習支援（勉強会の開催）	・同じ復興の意志を持つ地域住民同士のネットワーキング （お祭り、行事で地域住民の出番を設け、個人が生かされつつながる機会をつくる）
②	支援者	・支援団体 ・地域づくり団体 ・まちづくり協議会	・団体の活動の価値を摑む支援 （活動のふり返りによる成果と課題の把握）	・同じ復興の意志を持つ団体同士のネットワーキング （団体の実践活動を共有し、互いに学びながらつながる機会をつくる）
③	支援者の支援者	・支援団体への支援を行う団体 ・NPO支援を行う団体	・組織支援の専門性を学ぶ機会づくり ・関係性支援の専門性を高める機会づくり ・連携や協働の視点を学ぶ機会づくり	・支援者支援団体同士のネットワーキング （復興の全体観を摑める情報共有の機会をつくる）

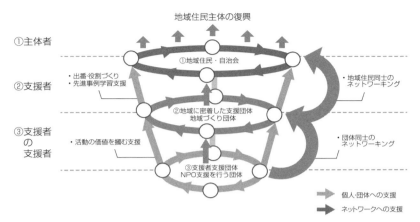

「主体者」「支援者」「支援者の支援者」の3層のバネで進める地域住民主体の復興

合うための視点を学び合えるネットワークをつくる。

　阪神淡路大震災で生まれ、中越地震で市民権を得た「復興バネ」という言葉がある。それは、被災という痛みのある体験を受け止め、逆境を糧にして人として成長し新しい災害文化を形成していくことを意味する。東日本大震災においても、「主体者」、それを支える「支援者」、さらに後方で支える「支援者の支援者」の3者がネットワークを編みバネのように支え合い、地域住民主体のしなやかで力強い地域が醸成され続けている（上図参照）。それこそがまさに「復興バネ」であり、復興活動が被災地域にもたらした価値である。

　震災から8年が経過した2019年現在、これまで培ってきた地域活動をいかに受け継げるかが問われる。「主体者」と「支援者」がともに復興後の地域づくりへと踏み出すために、双方の能力を最大限に発揮させるコーディネートによる「復興バネ」の強化が、今こそ重要となっているのではないだろうか。

髙橋若菜　（一社）みやぎ連携復興センターチーフコーディネーター。大学院修了後2015年より当センターで宮城県域の復興支援や地域づくり人材のエンパワメント・育成に携わる。

事例 16　ダイバーシティ経営と人材育成

1　ダイバーシティ経営とは

　人は誰もが自由に自分の意見を持ち、それを発言する権利を有する。これは極めて基本的なことであるが、実現は意外に難しい。

　ダイバーシティ経営とは、多様性のある人材活用を経営戦略とし、積極的な施策を推進することである。特にグローバルに事業を展開する企業においては、世界各地で多様な従業員を雇用しており、事業活動のあらゆる過程において、人種、皮膚の色、宗教、出身国籍、年齢、性別、性的指向、障害の有無に関係なく「機会均等」を実現し、あらゆる層からリーダー候補者を発掘し、育成し、動機付け、企業競争力を強化している。従業員の多様な価値観を尊重し、共有することで、多様な文化や顧客ニーズを理解し、技術やビジネスの革新（イノベーション）につなげ、市場の変化をリードする。ダイバーシティ経営が成功している企業では、すべての従業員が臆することなく自分の意見を主張できる環境を実現している。

　また、企業には企業市民としての社会的責任がある。ダイバーシティ経営は、企業内だけではなく、地域社会との人材交流、次世代育成にも影響が及ぶ。真に人を育てる「機会均等」とは社会福祉的なものを超えた、自由競争を尊重するものではないだろうか。例えば、IBM フェローの浅川智恵子は視覚障害者であるが、自身の「見えない」ことを研究テーマに、数々のソリューションを生み出し、障害者や高齢者の情報やサービスへのアクセスを向上させるための「アクセシビリティ研究」の第一人者として世界で活躍している。浅川自身は「健常者と同じ競争に参加し、よきライバルに恵まれたからこそ、IBM フェローになることができた。障害者には選択肢が少ない。それゆえ私は何かを自分の意思で選択できるときは、あえて難しい方を選択してきた」と語っている。

　本稿では、多様な取り組みの中から、女性と障害者の活躍支援について紹介する。

2　女性のキャリア支援

　女性のキャリア課題は、身近に目標となるロールモデルや、互いに励まし合

152　第4部　地域をつくる社会教育

い、切磋琢磨する仲間の不足が原因となっている場合が多い。また伝統的な男女の役割意識によって、女性は男性のサポート役であると女性自身が考える傾向にある。あえて女性だけのタスクチームやネットワークをつくることは、女性がリーダーシップを発揮する機会をつくり、よきライバルやロールモデルと出会い成長を促進する効果がある。

理数・技術系の進路を目指す女子学生の応援

数学や科学技術に関する勉強は「女の子らしくない」という社会的偏見がいまだに根強い。そのため、文系・理系の進路を決定する前の女子中学生を対象にコンピュータープログラミングなどを行う数日間のキャンプを世界中で実施している。同じ興味を持つ同性の仲間と出会うことで自己肯定感を強め、同級生や同じ学校の子どもがいない環境が、自分の殻を破る後押しをする。このキャンプには技術系や研究系の職種に就く女性社員が多数参加し、女子中学生とメールによるメンタリングを数週間実施する。

メンタリングでは進路だけではなく、多様な相談をできる環境と機会をつくる。こうした次世代とのメンタリングはメンターの女性社員の成長も促進する。メンターを経験した女性社員は「自分が成長するためには、目標となるロールモデルの存在が必要と思ってきたが、次世代とのメンタリングは自分のキャリアを客観的に見直す機会となり、自分を成長させるよい機会となった」と語っている。

3　障害者の就労支援

障害者の職域はまだまだ限られており、専門的な分野で活躍している障害者は極めて少ない。これは企業側に障害者の雇用経験が少ないことや、若い障害

仙台における女子中学生対象のプログラミング・ワークショップの様子

者の多くがキャリアを具体的に考える機会に恵まれていないことに起因する。ある女性社員は就職前の自分について次のように語っている。

> 姉2人は就職しているにも関わらず、自分は障害があるので、就職について具体的に考えたことがなく、周囲からも期待されていなかった。そんな自分を変えたのは1年間の米国留学の経験。苦労もしたが何よりも自由と自信を手に入れることができた。また米国人のクラスメイトに「障害があるからと言って働かなくてよい理由にはならない」と言われたことはショックだったが、自分の甘さを思い知るよい経験になった。

障害のある学生向けのインターンシップ・プログラム

障害のある学生のみを対象とした長期インターンシップでは、自分とは異なる障害のある仲間とのチームワークを通じて、自分の強みに注目し、それを伸ばしていく環境とプログラムを提供する。先進的なIT技術を学び、OJTや在宅勤務をしながら、自分に必要な就労条件や配慮を具体的に考える。

インターン生には障害のある社員がキャリア紹介やメンタリングを行い、自分と同じ障害の先輩社員から具体的なアドバイスや時には厳しい指導を受ける。インターン生からは「他人と関わること、ふり返ることで多くを学べた。今後も積極的に他人と関わって自分の強みを見つけたい」「固定観念が破壊された。自分をアピールするには『できる』を主張しなければいけないと思いこんでいた。そうではなく自分がもともと持っている能力を発揮するために経験を積んで磨き上げていけばいいのだと気づかされた」など、経験から多くのことを学んでいく様子がうかがえる。また、受け入れ部門からは「エントリーシートや面接ではわからない本来の姿を見ることができてよかった。実際の受け入れに

障害者向けインターンシップ

はどのような配慮を必要とするかイメージができた」など、障害者との協働に前向きなコメントが寄せられている。

4　共生社会への取り組み

近年、組織や業界を越えてダイバーシティ課題の解決に連携して取り組む企業が増えている。例えば「LGBT と職場」を考える任意団体 work with Pride は、複数の企業と当事者 NPO が連携し、企業向けの啓発イベントの開催や日本初の LGBT フレンドリーな会社か否かをはかる指標（PRIDE 指標）を発表している。指標への参加者は年々増加し、2018 年には 200 社近い企業と大学が参加している。

ますます多様化・複雑化する社会においては、組織が単一の価値観で成功することは難しく、社会課題の根本的な解決にならない。少子高齢化が加速する日本の目指すべき社会は、多様な組織が連携し、それぞれの異なる価値観を尊重しながら、自組織には不足している知見や経験、リソースを補い合い、お互いの成長を促進する共生社会であり、人々が今まで以上にダイバーシティとそれを生かす環境の実現を意識することが重要になってくる。

梅田恵　日本アイ・ビー・エム株式会社　人事　ダイバーシティー企画担当部長（2008 年〜2019 年 9 月）。女性、障害者、LGBT、外国籍の社員の活躍支援や働き方改革のためのプログラムや人事制度の企画開発、実施を担当。

第4部のおわりに

　第4部に掲載した事例は、いずれも社会教育行政の所管外で学習を促進するものである。各事例を学習の側面から概観すると、以下のとおりである。

　武蔵野市のけやきコミセン（**事例13**）は、首長部局のコミュニティ行政の部門の所管になる。ここでは、多様なコミュニティ活動を通して住民同士のつながりと学び合いが豊かになっており、それらの経験から子どもの参画を取り入れた事業も生み出している。

　高知県の生態系トラスト協会（**事例14**）は、公益社団法人として自然保護活動を実践する団体である。同協会は、ナショナル・トラストの実践過程に関係者の学習活動を組み込むとともに、トラスト地を社会教育の場として活用することを目指している。

　宮城県のみやぎ連携復興センター（**事例15**）は、東日本大震災の被害を受けた地域の復興を支援している。同センターは、復興の当事者と支援者を学習活動とつながり形成によってエンパワーし、新しい災害文化の形成を後押ししている。

　多様性のある人材活用によってダイバーシティ経営に取り組む企業（**事例16**）は、共生社会づくりを目指す民間営利組織である。ここでは、女性のキャリア支援と障害のある学生のインターンシップなどを通して、企業としての共生社会づくりに取り組んでいる。

　いずれの事例においても、学習自体を目的とするのではなく、地域づくり・社会づくりを目指す過程で様々な学習が生まれていることがわかる。それらの学習は、第7章で述べた学習活動や経験学習である。何らかの目標を持って地域や社会に改善・変革を促そうとする時、そこには必ず学習が発生する。そのような学習を効果的に生起させるための後押しが、社会教育の重要な役割である。

　そのような社会教育は、必ずしも社会教育行政のみが担うわけではない。首長部局や民間組織の中にも、社会教育の機能は埋め込まれているのである。社会教育士がそれらの組織で力を発揮することにより、社会教育の世界は飛躍的に豊かになっていくであろう。

156　第4部　地域をつくる社会教育

資　料

資料 1　　持続可能な開発目標（SDGs）
資料 2　　学習する組織の考え方
資料 3　　2018（平成 30）年 12 月 21 日　中央教育審議会答申概要
資料 4　　2015（平成 27）年 12 月 21 日　中央教育審議会答申のポイントの抜粋
資料 5　　地域全体で未来を担う子供たちの成長を支える仕組み（活動概念図）
資料 6　　地域学校協働活動の推進に関する社会教育法の改正について
資料 7　　教育基本法（抜粋）
資料 8　　社会教育法（抜粋）
資料 9　　地方教育行政の組織及び運営に関する法律（抜粋）
資料 10　　地方自治法（抜粋）
資料 11　　特定非営利活動促進法（抜粋）
資料 12　　第 9 次地方分権一括法の概要

＊法律は改正されることがあるので、e-Gov 法令検索（https://www.e-gov.go.jp）
　などで、最新版を確認してください。

資料1　持続可能な開発目標（SDGs）

　2015年の9月、ニューヨーク国連本部で「持続可能な開発サミット」が開催され、150を超える加盟国首脳の参加のもと、「我々の世界を変革する：持続可能な開発のための2030アジェンダ」が採択された。そこで、2001年に策定された「ミレニアム開発目標（MDGs: Millennium Development Goals）」の後継として示されたのが、人間、地球及び繁栄のための行動計画として、17の目標と169のターゲットからなる「持続可能な開発目標（SDGs: Sustainable Development Goals）」である。

　169のターゲットや、具体的な取り組みについては、国連広報センターのウェブサイト「2030アジェンダ」に詳細が載っている。

　また日本では、「SDGsアクションプラン2018」を設定しており、首相官邸のウェブサイト「持続可能な開発目標（SDGs）推進本部」に詳細が載っている。

日本におけるSDGs実施指針の概要

ビジョン	持続可能で強靱、そして誰一人取り残さない、経済、社会、環境の統合的向上が実現された未来への先駆者を目指す
実施原則	①普遍性、②包摂性、③参画型、④統合性、⑤透明性と説明責任
優先課題	①あらゆる人々の活躍の推進 ②健康・長寿の達成 ③成長市場の創出、地域活性化、科学技術イノベーション ④持続可能で強靱な国土と質の高いインフラの整備 ⑤省・再生可能エネルギー、気候変動対策、循環型社会 ⑥生物多様性、森林、海洋等の環境の保全 ⑦平和と安全・安心社会の実現 ⑧SDGs実施推進の体制と手段

SDGs推進本部「SDGsアクションプラン2018」に基づき作成
https://www.kantei.go.jp/jp/singi/SDGs/pdf/actionplan2018.pdf（アクセス：2019.5.20）

MDGs と SDGs

	MDGs ミレニアム開発目標	SDGs 持続可能な開発目標
期間	2001 年〜2015 年	2016 年〜2030 年
目標	8 ゴール、21 ターゲット	17 ゴール、169 ターゲット
対象	途上国の目標	全ての国の目標
備考	国連の専門家主導で策定	国連全加盟国で交渉 実施手段も重視

外務省国際協力局「持続可能な開発のための 2030 アジェンダと日本
の取組」2017 年、p. 2 に基づき作成

世界を変えるための 17 の目標（SDGs）

目標 1：　あらゆる場所で、あらゆる形態の貧困に終止符を打つ
目標 2：　飢餓に終止符を打ち、食料の安定確保と栄養状態の改善を達成するとともに、持続可能な農業を推進する
目標 3：　あらゆる年齢のすべての人々の健康的な生活を確保し、福祉を推進する
目標 4：　すべての人々に包摂的かつ公平で質の高い教育を提供し、生涯学習の機会を促進する
目標 5：　ジェンダーの平等を達成し、すべての女性と女児のエンパワーメントを図る
目標 6：　すべての人々に水と衛生へのアクセスと持続可能な管理を確保する
目標 7：　すべての人々に手ごろで信頼でき、持続可能かつ近代的なエネルギーへのアクセスを確保する
目標 8：　すべての人々のための持続的、包摂的かつ持続可能な経済成長、生産的な完全雇用およびディーセント・ワークを推進する
目標 9：　レジリエントなインフラを整備し、包摂的で持続可能な産業化を推進するとともに、イノベーションの拡大を図る
目標 10：　国内および国家間の不平等を是正する
目標 11：　都市と人間の居住地を包摂的、安全、レジリエントかつ持続可能にする
目標 12：　持続可能な消費と生産のパターンを確保する
目標 13：　気候変動とその影響に立ち向かうため、緊急対策を取る
目標 14：　海洋と海洋資源を持続可能な開発に向けて保全し、持続可能な形で利用する
目標 15：　陸上生態系の保護、回復および持続可能な利用の推進、森林の持続可能な管理、砂漠化への対処、土地劣化の阻止および逆転、ならびに生物多様性損失の阻止を図る
目標 16：　持続可能な開発に向けて平和で包摂的な社会を推進し、すべての人々に司法へのアクセスを提供するとともに、あらゆるレベルにおいて効果的で責任ある包摂的な制度を構築する
目標 17：　持続可能な開発に向けて実施手段を強化し、グローバル・パートナーシップを活性化する

国際連合広報センター「2030 アジェンダ」http://www.unic.or.jp/activities/economic_social_development/
sustainable_development/2030agenda/（アクセス：2019.5.20）

持続可能な開発目標（SDGs）　|　159

資料2　学習する組織の考え方

「学習する組織」とは、マサチューセッツ工科大学のピーター・センゲ（Senge, P. M.）が、1990年に発表した著書 *The Fifth Discipline: The Art and Practice of the Learning Organization*（第2版が出版されており、邦訳は『学習する組織』英治出版、2011年）において提唱した考え方である。それは、企業に焦点を当てて説いた考え方であったが、現在では、学校・病院・軍隊・行政機関・NPOなどの組織にも広まっているとともに、その後の組織改革や社会改革の理論の礎になっていると考えられるものである[1]。

1．学習する組織の基本的な考え方

センゲは、今日の地域課題のような様々な要素が複雑に絡み合い、課題の構造が見えにくく、課題として認識されないために解決しにくい問題や、解決策をいくら実行してもなかなか改善されない問題の場合、その問題として見えている出来事は、氷山の一角であると説いている。そして、問題として見えている出来事の下には、問題を誘発するパターンや構造が隠れており、その根底には個人・組織・社会に根付く「メンタル・モデル」（価値観・前提・思考枠組みなど）があると捉えている。

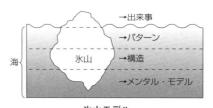

氷山モデル
中村香『学習する組織とは何か』鳳書房、2009年、p.124

センゲは、解決不可能に見える問題に向き合う力をいかに引き出すかということで、学習する組織を志向する3つの柱を掲げている。どれも不可欠な要素であることを、1本でも欠けたら倒れる3脚の腰掛けで表現しているのである（**図2-2**）。

◎複雑さを理解するシステム思考

システム思考とは、世界の出来事を関連のない単体として捉えるのではなく、自然界の生きたシステムのように影響し合う関係性から物事を捉える思考の在り方である。また、その複雑さを客体化して捉えるのではなく、氷山の一角のように見えている出来事に、自分がいかに関わり、いかに変えて行

けるかという主体的な捉え方でもある。
◎内省的な会話の展開
　過去の成功体験などにより形成されたメンタル・モデルに基づく対症療法的な対応が、個人・組織・社会（コミュニティ）を持続不可能な状態に陥らせているという問題意識に基づき、ふり返ることを促している。何を問題と捉えるのかというメンタル・モデルを問い直すことや、多様性から学び合うダイアログが必要ということである。
◎志の育成
　個人の視野を常に明瞭にする「自己マスタリー」に基づく「共有ビジョン」がなければ、個人としても組織としても目標へ向かう牽引力がなく、現状維持や衰退に陥るということである。

2．学習する学校

　センゲらは、17世紀以降を「機械時代」などと呼んでおり、一定の品質を保つために、細分化・合理化・標準化してきた工場の流れ作業のような状況や価値観が、教育にも影響を及ぼしているという危機意識を持っている。コミュニティと学校が学び合い、教育に影響を及ぼすすべての人の行為理論を問い直し、社会関係網の中での教育の再統合を図ることを提唱している[2]。

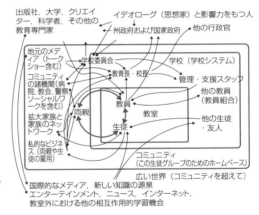

学習するコミュニティ
ピーター・センゲ他『学習する学校』英治出版、2014年、p.41

注
1）中村香『学習する組織とは何か―ピーター・センゲの学習論』鳳書房、2009年。
2）中村香「成人の学習を組織化する省察的実践―学習する組織論に基づく一考察」日本教育学会『教育学研究』78巻2号、2011年、pp.26-37。

資料 3　2018（平成 30）年 12 月 21 日　中央教育審議会答申概要

人口減少時代の新しい地域づくりに向けた社会教育の振興方策について（答申）概要

第 1 部　今後の地域における社会教育の在り方

＜地域における社会教育の目指すもの＞

1．地域における社会教育の意義と果たすべき役割 ～「社会教育」を基盤とした、人づくり・つながりづくり・地域づくり～

多様化し複雑化する課題と社会の変化への対応の要請

- 人口減少、高齢化、グローバル化、貧困、つながりの希薄化、社会的孤立、地方財政の悪化、SDGsに向けた取組　等
  ⇒ 持続可能な社会づくりを進めるために、住民自らが担い手として地域運営に主体的に関わっていくことが重要
- 人生100年時代の到来、Society5.0実現の提唱　等
  ⇒ 誰もが生涯にわたり必要な学習を行い、その成果を生かすことのできる生涯学習社会の実現へ向けた取組が必要

社会教育：個人の成長と地域社会の発展の双方に重要な意義と役割

人づくり
自主的・自発的な学びによる知的欲求の充足、自己実現・成長

つながりづくり
住民の相互学習を通じ、つながり意識や住民同士の絆の強化

学びと活動の好循環

地域づくり
地域に対する愛着や帰属意識、地域の将来像を考え取り組む意欲の喚起
住民の主体的参画による地域課題解決

2．新たな社会教育の方向性 ～開かれ、つながる社会教育の実現～

住民の主体的な参加のためのきっかけづくり
社会的に孤立しがちな人々も含め、より多くの住民の主体的な参加を得られるような方策を工夫し強化

ネットワーク型行政の実質化
社会教育行政担当部局で完結させず、首長、NPO、大学、企業等と幅広く連携・協働

地域の学びと活動を活性化する人材の活躍
学びや活動と参加者をつなぎ、地域の学びと活動を活性化する多様な人材の活躍を後押し

開かれ、つながる社会教育へ

＜「社会教育」を基盤とした、人づくり・つながりづくり・地域づくりに向けた具体的な方策＞

1．学びへの参加のきっかけづくりの推進
- 楽しさをベースとした学びや地域防災、健康長寿など、関心の高い学び等、学びや活動のきっかけづくりを工夫
- 子供・若者の参画を促し、地域との関わりの動機付けとなり得る成功体験づくり
- 社会で孤立しがちな人に対して、福祉部局等との連携により、アウトリーチの取組を強化
- 各地における具体的な取組の収集・共有、地域における活動の事例分析と周知

2．多様な主体との連携・協働の推進
- 首長部局との連携を効果的に図るため、総合教育会議の活用や、部局間の人事交流を推進
- NPO、企業、大学等と行政関係者との積極的な意見交換や協議
- 地域学校協働活動を核にした社会教育と学校教育の一層の連携・協働

3．多様な人材の幅広い活躍の促進
- 地域の課題解決等に熱意を持って取り組む多様な人材を社会教育の活動に巻き込み、連携
- 教育委員会における社会教育主事の確実な配置、多様な主体による「社会教育士」の取得推奨

4．社会教育の基盤整備と多様な資金調達手法の活用等
- 各地方公共団体における十分な社会教育費の確保を含めた基盤整備
- クラウドファンディング等の多様な資金調達手法の活用

1

第2部 今後の社会教育施設の在り方

＜今後の社会教育施設に求められる役割＞

社会教育施設には、地域の学習拠点としての役割に加え、以下のような役割も期待。
- 公民館：地域コミュニティの維持と持続的な発展を推進するセンター的役割、地域の防災拠点
- 図書館：他部局と連携した個人のスキルアップや就業等の支援、住民のニーズに対応できる情報拠点
- 博物館：学校における学習内容に即した展示・教育事業の実施、観光振興や国際交流の拠点

＜今後の社会教育施設の所管の在り方＞

このような中、地方公共団体から、地方公共団体の判断により、地方公共団体の長が公立社会教育施設を所管することができる仕組み（以下「特例」という。）を導入すべきとの意見が提出。これについて検討し、必要な措置を講ずる必要（「平成29年の地方からの提案等に関する対応方針」（平成29年12月26日閣議決定））。

生涯学習社会の実現に向けた横断的・総合的な教育行政の展開に向け、社会教育に関する事務については今後とも教育委員会の所管を基本とすべき。
一方、地方の実情等を踏まえ、より効果的と判断される場合には、地方公共団体の判断により地方公共団体の長が公立社会教育施設を所管できる特例を設けることについて、社会教育の適切な実施の確保に関する制度的担保が行われることを条件に、可とすべき。

◆ **特例を設けることについて**
（他行政分野との一体的運営による質の高い行政の実現の可能性）
- 社会教育施設の事業と、まちづくりや観光等の他の行政分野の社会教育に関連する事業等とを一体的に推進することで、より充実したサービス等を実現できる可能性。
- 福祉、労働、産業、観光、まちづくり、青少年健全育成等の他の行政分野における人的・物的資源や専門知識、ノウハウ、ネットワーク等の活用により、社会教育行政全体を活性化できる可能性。
- 社会教育の新たな担い手として、まちづくりや課題解決に熱意を持って取り組んでいるがこれまで社会教育と関わりがなかった人材を育成・発掘できる可能性。

（施設の効果的・効率的な整備・運営の可能性）
- 首長部局が中心となって行っている社会資本整備計画等を通じた施設の戦略的な整備や、様々な分野が複合した施設の所管を一元化することによる、当該施設の効率的な運営の可能性。

◆ **社会教育の適切な実施の確保の在り方について**
同時に、社会教育の適切な実施の確保（政治的中立性の確保、住民の意向の反映、社会教育施設としての専門性の確保、社会教育と学校教育の連携等）のためには、本件特例を設けるに当たり、教育委員会による関与など一定の担保措置※を講ずる必要がある。

※担保措置については、例えば、地方公共団体において所管の特例についての条例を定める際に、教育委員会の意見を聴くこととする、といった例が議論されたが、具体的な在り方については、国において、法制化のプロセスにおいて具体的に検討すべき。

◆ **地方公共団体において特例措置を活用する場合に留意が求められる点**
- 特例が活用される場合でも、当該施設は引き続き社会教育施設であり、法令の規定を踏まえた専門的職員の配置・研修、運営審議会等を活用した評価・情報発信等が重要。
- 教育委員会は社会教育振興の牽引役として引き続き積極的な役割を果たしていくことが重要（総合教育会議等の活用、首長部局やNPO等との連携・調整等）。地方行政全体の中に、社会教育を基盤とした、学びを通じた人づくり・つながりづくり・地域づくりの視点を明確に組み込んでいくことが重要。

2

2018（平成30）年12月21日　中央教育審議会答申概要

資料4　2015（平成27）年12月21日　中央教育審議会答申のポイントの抜粋

新しい時代の教育や地方創生の実現に向けた学校と地域の連携・協働の在り方と今後の推進方策について

（平成27年12月21日中央教育審議会答申）

（答申のポイント）

第1章　時代の変化に伴う学校と地域の在り方

＜教育改革、地方創生等の動向から見る学校と地域の連携・協働の必要性＞

◆地域社会のつながりや支え合いの希薄化等による地域の教育力の低下や、家庭教育の充実の必要性が指摘。また、学校が抱える課題は複雑化・困難化。
◆「社会に開かれた教育課程」を核とする学習指導要領の改訂や、チームとしての学校、教員の資質能力の向上等、昨今の学校教育を巡る改革の方向性や、
◆これからの地方創生の動向において、学校と地域の連携・協働の重要性が指摘されている。地域から信頼される学校づくり、社会的な教育基盤の構築等の観点から、学校と地域はパートナーとして相互に連携・協働していく必要があり、そのことを通じ、社会総掛かりでの教育の実現を図る必要。

＜これからの学校と地域の目指すべき連携・協働の姿＞

地域とともにある学校への転換

■開かれた学校から一歩踏み出し、地域の人々と目標やビジョンを共有し、地域と一体となって子供たちを育む「地域とともにある学校」に転換。

子供も大人も学び合い育ち合う教育体制の構築

■地域の様々な機関や団体等がネットワーク化を図りながら、学校、家庭及び地域が相互に協力し、地域全体で学びを展開していく「子供も大人も学び合い育ち合う教育体制」を一体的・総合的な体制として構築。

学校を核とした地域づくりの推進

■学校を核とした協働の取組等を通じて、地域の将来を担う人材を育成し、自立した地域社会の基盤を構築する「学校を核とした地域づくり」を推進。

第2章　これからのコミュニティ・スクールの在り方と総合的な推進方策

＜これからのコミュニティ・スクールの仕組みとしての学校運営協議会制度の基本的な方向性＞

（コミュニティ・スクールの仕組みとしての学校運営協議会制度の基本的な方向性）

◆学校運営協議会制度の目的として、学校を応援し、地域の実情を踏まえた特色ある学校づくりを進めていく役割を明確化する必要。
◆現行の学校運営協議会の機能（校長の定める学校運営の基本方針の承認、学校運営に関する意見、教職員の任用に関する意見）は引き続き備えることとしつつ、教職員の任用に関しては、柔軟な運用を確保する仕組みを検討。
◆学校運営協議会において、学校支援に関する総合的な企画・立案を行い、学校と地域住民等との連携・協力を促進していく仕組みとする必要。
◆校長のリーダーシップの発揮の観点から、学校運営協議会の委員の任命に当たって、校長の意見を反映する仕組みとする必要。
◆小中一貫教育など学校間の教育の円滑な接続に資するため、複数校について一つの学校運営協議会を設置できる仕組みとする必要。

（制度的位置付けに関する検討）

◆学校が抱える複雑化・困難化した課題を解決し子供たちを育むためには、地域住民や保護者等の参画を得て学校運営を進めることが求められており、コミュニティ・スクールの仕組みの導入により、地域との連携・協働体制が継続的に確立する。
◆このため、全ての公立学校がコミュニティ・スクールを目指すべきであり、学校運営協議会の制度的位置付けの見直しも含めた方策の検討。その際、基本的には学校又は教育委員会の自発的な意志による設置が望ましいこと等を踏まえつつ、教育委員会が、積極的にコミュニティ・スクールの推進に努めていくよう制度的位置付けを検討。

<コミュニティ・スクールの総合的な推進方策>

◆国として、コミュニティ・スクールの一層の推進を図るため、財政支援を含めた条件整備や質の向上を図るための方策を総合的に講じる必要。
　○様々な類似の仕組みを取り込んだコミュニティ・スクールの枠組みの拡大
　○学校運営協議会の委員となる人材の確保と資質の向上
　○コミュニティ・スクールの導入に伴う体制面・財政面の支援の充実
　○学校設置者等の多様な参画を主体の強化
　○幅広い普及・啓発の推進

◆都道府県教育委員会：都道府県立学校におけるコミュニティ・スクールの推進目標の明確化、知事部局との連携・協働、全県的な推進体制の構築、教職員等の研修機会・内容の充実
◆市町村教育委員会：市町村としての推進目標の明確化、首長部局との連携・協働、未指定の学校における導入等の推進など

第3章　地域における学校と地域との協働体制の充実

<地域における学校と地域との今後の方向性>　「支援」から「連携・協働」、「個別の活動」から「総合化・ネットワーク化」へ

◆地域と学校が共に子供を育て、共に地域を創るという理念に立ち、地域の教育力を向上し、持続可能な地域社会をつくることが必要。
◆地域と学校が連携・協働して、地域全体で未来を担う子供たちの成長を支えていく活動として広域的に推進することが必要。
◆従来の学校支援地域本部、放課後子供教室等の活動をベースに、「支援」から「連携・協働」、「個別の活動」から「総合化・ネットワーク化」を目指す新たな体制としての「地域学校協働本部」へ発展させていくことが必要。
◆地域学校協働本部には、①コーディネート機能　②多様な活動（より多くの地域住民の参画）、③持続的な活動の3要素が必要。

地域学校協働活動の全国的な推進に向けて、地域学校協働本部が、早期に、全小・中学校区において構築されることを目指す

<地域学校協働活動の総合的な推進方策>

◆国：全国的に質の高い地域学校協働活動が継続的に実施されるよう、制度面・財政面を含めた条件整備について明確化。
　○地域学校協働活動推進のための体制整備の必要性及び複数のコーディネーター及び地域コーディネーターの連絡調整等を行う「統括的なコーディネーター」の配置や機能強化（持続可能な体制の整備、人材の育成・確保、質の向上）が必要。
　○コーディネーターの役割・資質等について明確化。
　○各都道府県・市町村における推進に資する財政面の支援
◆都道府県・市町村において、それぞれの地域や学校の特色や実情を踏まえつつ、地域学校協働本部を計画的に推進。国はそれを総合的に支援。
◆都道府県教育委員会：都道府県としてのビジョンの明確化、計画の策定、市町村における推進活動の支援、都道府県・学校間の情報共有、ネットワーク化の支援　等
◆市町村教育委員会：市町村としてのビジョンの明確化、計画の策定、体制の整備、コーディネーターの配置、研修の充実　等

第4章　コミュニティ・スクールと地域学校協働本部の一体的・効果的な推進の在り方

◆コミュニティ・スクールと社会教育の体制としての地域学校協働本部が相互に補完し高め合う存在として、車の両輪となって相乗効果を発揮していくことが必要であり、当該学校や地域の置かれた実情、両者の有機的な連携・協働の観点等を踏まえた体制の構築が重要。

資料5　地域全体で未来を担う子供たちの成長を支える仕組み（活動概念図）

地域全体で未来を担う子供たちの成長を支える仕組み（活動概念図）

◎ 次代を担う子供に対して、どのような資質を育むのかという目標を共有し、地域社会と学校が協働。
◎ 従来の地縁団体だけではない、新しいつながりによる地域の教育力の再生・充実は、地域課題解決等に向けた連携・協働につながり、持続可能な地域社会の源となる。

★より多くの、より幅広い層の地域住民、団体等が参画し、目標を共有し、「緩やかなネットワーク」を形成

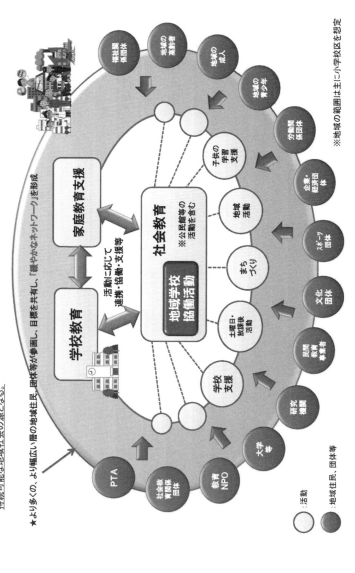

※地域の範囲は主に小学校区を想定

166　資料

資料6　地域学校協働活動の推進に関する社会教育法の改正について

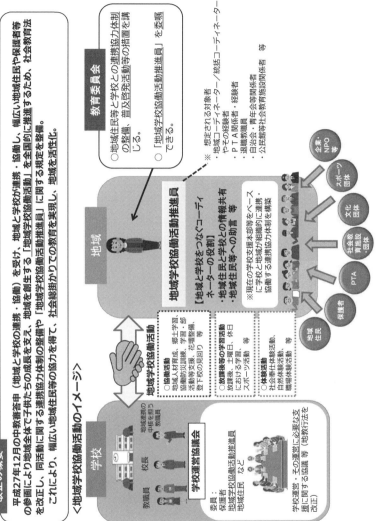

資料7　教育基本法（抜粋）

教育基本法（平成十八年法律第百二十号）

教育基本法（昭和二十二年法律第二十五号）の全部を改正する。

前文

我々日本国民は、たゆまぬ努力によって築いてきた民主的で文化的な国家を更に発展させるとともに、世界の平和と人類の福祉の向上に貢献することを願うものである。我々は、この理想を実現するため、個人の尊厳を重んじ、真理と正義を希求し、公共の精神を尊び、豊かな人間性と創造性を備えた人間の育成を期するとともに、伝統を継承し、新しい文化の創造を目指す教育を推進する。ここに、我々は、日本国憲法の精神にのっとり、我が国の未来を切り拓く教育の基本を確立し、その振興を図るため、この法律を制定する。

第一章　教育の目的及び理念

（教育の目的）

第一条　教育は、人格の完成を目指し、平和で民主的な国家及び社会の形成者として必要な資質を備えた心身ともに健康な国民の育成を期して行われなければならない。

（教育の目標）

第二条　教育は、その目的を実現するため、学問の自由を尊重しつつ、次に掲げる目標を達成するよう行われるものとする。

　一　幅広い知識と教養を身に付け、真理を求める態度を養い、豊かな情操と道徳心を培うとともに、健やかな身体を養うこと。

　二　個人の価値を尊重して、その能力を伸ばし、創造性を培い、自主及び自律の精神を養うとともに、職業及び生活との関連を重視し、勤労を重んずる態度を養うこと。

　三　正義と責任、男女の平等、自他の敬愛と協力を重んずるとともに、公共の精神に基づき、主体的に社会の形成に参画し、その発展に寄与する態度を養うこと。

　四　生命を尊び、自然を大切にし、環境の保全に寄与する態度を養うこと。

　五　伝統と文化を尊重し、それらをはぐくんできた我が国と郷土を愛するとともに、他国を尊重し、国際社会の平和と発展に寄与する態度を養うこと。

（生涯学習の理念）

第三条　国民一人一人が、自己の人格を磨き、豊かな人生を送ることができるよう、その生涯にわたって、あらゆる機会に、あらゆる場所において学習することができ、その成果を適切に生かすことのできる社会の実現が図られなければならない。

（教育の機会均等）

第四条　すべて国民は、ひとしく、その能力に応じた教育を受ける機会を与えられなけれ

ばならず、人種、信条、性別、社会的身分、経済的地位又は門地によって、教育上差別されない。

2 国及び地方公共団体は、障害のある者が、その障害の状態に応じ、十分な教育を受けられるよう、教育上必要な支援を講じなければならない。

3 国及び地方公共団体は、能力があるにもかかわらず、経済的理由によって修学が困難な者に対して、奨学の措置を講じなければならない。

第二章　教育の実施に関する基本

（義務教育）

第五条　国民は、その保護する子に、別に法律で定めるところにより、普通教育を受けさせる義務を負う。

2 義務教育として行われる普通教育は、各個人の有する能力を伸ばしつつ社会において自立的に生きる基礎を培い、また、国家及び社会の形成者として必要とされる基本的な資質を養うことを目的として行われるものとする。

3 国及び地方公共団体は、義務教育の機会を保障し、その水準を確保するため、適切な役割分担及び相互の協力の下、その実施に責任を負う。

4 国又は地方公共団体の設置する学校における義務教育については、授業料を徴収しない。

（学校教育）

第六条　法律に定める学校は、公の性質を有するものであって、国、地方公共団体及び法律に定める法人のみが、これを設置することができる。

2 前項の学校においては、教育の目標が達成されるよう、教育を受ける者の心身の発達に応じて、体系的な教育が組織的に行われなければならない。この場合において、教育を受ける者が、学校生活を営む上で必要な規律を重んずるとともに、自ら進んで学習に取り組む意欲を高めることを重視して行われなければならない。

（大学）

第七条　大学は、学術の中心として、高い教養と専門的能力を培うとともに、深く真理を探究して新たな知見を創造し、これらの成果を広く社会に提供することにより、社会の発展に寄与するものとする。

2 大学については、自主性、自律性その他の大学における教育及び研究の特性が尊重されなければならない。

（私立学校）

第八条　私立学校の有する公の性質及び学校教育において果たす重要な役割にかんがみ、国及び地方公共団体は、その自主性を尊重しつつ、助成その他の適当な方法によって私立学校教育の振興に努めなければならない。

教育基本法（抜粋）　169

（教員）

第九条 法律に定める学校の教員は、自己の崇高な使命を深く自覚し、絶えず研究と修養に励み、その職責の遂行に努めなければならない。

2 前項の教員については、その使命と職責の重要性にかんがみ、その身分は尊重され、待遇の適正が期せられるとともに、養成と研修の充実が図られなければならない。

（家庭教育）

第十条 父母その他の保護者は、子の教育について第一義的責任を有するものであって、生活のために必要な習慣を身に付けさせるとともに、自立心を育成し、心身の調和のとれた発達を図るよう努めるものとする。

2 国及び地方公共団体は、家庭教育の自主性を尊重しつつ、保護者に対する学習の機会及び情報の提供その他の家庭教育を支援するために必要な施策を講ずるよう努めなければならない。

（幼児期の教育）

第十一条 幼児期の教育は、生涯にわたる人格形成の基礎を培う重要なものであることにかんがみ、国及び地方公共団体は、幼児の健やかな成長に資する良好な環境の整備その他適当な方法によって、その振興に努めなければならない。

（社会教育）

第十二条 個人の要望や社会の要請にこたえ、社会において行われる教育は、国及び地方公共団体によって奨励されなければならない。

2 国及び地方公共団体は、図書館、博物館、公民館その他の社会教育施設の設置、学校の施設の利用、学習の機会及び情報の提供その他の適当な方法によって社会教育の振興に努めなければならない。

（学校、家庭及び地域住民等の相互の連携協力）

第十三条 学校、家庭及び地域住民その他の関係者は、教育におけるそれぞれの役割と責任を自覚するとともに、相互の連携及び協力に努めるものとする。

（政治教育）

第十四条 良識ある公民として必要な政治的教養は、教育上尊重されなければならない。

2 法律に定める学校は、特定の政党を支持し、又はこれに反対するための政治教育その他政治的活動をしてはならない。

（宗教教育）

第十五条 宗教に関する寛容の態度、宗教に関する一般的な教養及び宗教の社会生活における地位は、教育上尊重されなければならない。

2 国及び地方公共団体が設置する学校は、特定の宗教のための宗教教育その他宗教的活動をしてはならない。

第三章　教育行政

（教育行政）
第十六条　教育は、不当な支配に服することなく、この法律及び他の法律の定めるところにより行われるべきものであり、教育行政は、国と地方公共団体との適切な役割分担及び相互の協力の下、公正かつ適正に行われなければならない。
2　国は、全国的な教育の機会均等と教育水準の維持向上を図るため、教育に関する施策を総合的に策定し、実施しなければならない。
3　地方公共団体は、その地域における教育の振興を図るため、その実情に応じた教育に関する施策を策定し、実施しなければならない。
4　国及び地方公共団体は、教育が円滑かつ継続的に実施されるよう、必要な財政上の措置を講じなければならない。

（教育振興基本計画）
第十七条　政府は、教育の振興に関する施策の総合的かつ計画的な推進を図るため、教育の振興に関する施策についての基本的な方針及び講ずべき施策その他必要な事項について、基本的な計画を定め、これを国会に報告するとともに、公表しなければならない。
2　地方公共団体は、前項の計画を参酌し、その地域の実情に応じ、当該地方公共団体における教育の振興のための施策に関する基本的な計画を定めるよう努めなければならない。

第四章　法令の制定
第十八条　この法律に規定する諸条項を実施するため、必要な法令が制定されなければならない。

附　則　抄

（施行期日）
1　この法律は、公布の日から施行する。

教育基本法（抜粋）　　171

資料8　社会教育法（抜粋）

社会教育法（昭和二十四年法律第二百七号）

施行日：　令和元年六月七日

最終更新：　令和元年六月七日公布（令和元年法律第二十六号）改正

第一章　総則

（この法律の目的）

第一条　この法律は、教育基本法（平成十八年法律第百二十号）の精神に則り、社会教育に関する国及び地方公共団体の任務を明らかにすることを目的とする。

（社会教育の定義）

第二条　この法律において「社会教育」とは、学校教育法（昭和二十二年法律第二十六号）又は就学前の子どもに関する教育、保育等の総合的な提供の推進に関する法律（平成十八年法律第七十七号）に基づき、学校の教育課程として行われる教育活動を除き、主として青少年及び成人に対して行われる組織的な教育活動（体育及びレクリエーションの活動を含む。）をいう。

（国及び地方公共団体の任務）

第三条　国及び地方公共団体は、この法律及び他の法令の定めるところにより、社会教育の奨励に必要な施設の設置及び運営、集会の開催、資料の作製、頒布その他の方法により、すべての国民があらゆる機会、あらゆる場所を利用して、自ら実際生活に即する文化的教養を高め得るような環境を醸成するように努めなければならない。

2　国及び地方公共団体は、前項の任務を行うに当たつては、国民の学習に対する多様な需要を踏まえ、これに適切に対応するために必要な学習の機会の提供及びその奨励を行うことにより、生涯学習の振興に寄与することとなるよう努めるものとする。

3　国及び地方公共団体は、第一項の任務を行うに当たつては、社会教育が学校教育及び家庭教育との密接な関連性を有することにかんがみ、学校教育との連携の確保に努め、及び家庭教育の向上に資することとなるよう必要な配慮をするとともに、学校、家庭及び地域住民その他の関係者相互間の連携及び協力の促進に資することとなるよう努めるものとする。

（国の地方公共団体に対する援助）

第四条　前条第一項の任務を達成するために、国は、この法律及び他の法令の定めるところにより、地方公共団体に対し、予算の範囲内において、財政的援助並びに物資の提供及びそのあつせんを行う。

（市町村の教育委員会の事務）

第五条　市（特別区を含む。以下同じ。）町村の教育委員会は、社会教育に関し、当該地方の必要に応じ、予算の範囲内において、次の事務を行う。

一　社会教育に必要な援助を行うこと。

二　社会教育委員の委嘱に関すること。

三　公民館の設置及び管理に関すること。

四　所管に属する図書館、博物館、青年の家その他の社会教育施設の設置及び管理に関すること。

五　所管に属する学校の行う社会教育のための講座の開設及びその奨励に関すること。

六　講座の開設及び討論会、講習会、講演会、展示会その他の集会の開催並びにこれらの奨励に関すること。

七　家庭教育に関する学習の機会を提供するための講座の開設及び集会の開催並びに家庭教育に関する情報の提供並びにこれらの奨励に関すること。

八　職業教育及び産業に関する科学技術指導のための集会の開催並びにその奨励に関すること。

九　生活の科学化の指導のための集会の開催及びその奨励に関すること。

十　情報化の進展に対応して情報の収集及び利用を円滑かつ適正に行うために必要な知識又は技能に関する学習の機会を提供するための講座の開設及び集会の開催並びにこれらの奨励に関すること。

十一　運動会、競技会その他体育指導のための集会の開催及びその奨励に関すること。

十二　音楽、演劇、美術その他芸術の発表会等の開催及びその奨励に関すること。

十三　主として学齢児童及び学齢生徒（それぞれ学校教育法第十八条に規定する学齢児童及び学齢生徒をいう。）に対し、学校の授業の終了後又は休業日において学校、社会教育施設その他適切な施設を利用して行う学習その他の活動の機会を提供する事業の実施並びにその奨励に関すること。

十四　青少年に対しボランティア活動など社会奉仕体験活動、自然体験活動その他の体験活動の機会を提供する事業の実施及びその奨励に関すること。

十五　社会教育における学習の機会を利用して行つた学習の成果を活用して学校、社会教育施設その他地域において行う教育活動その他の活動の機会を提供する事業の実施及びその奨励に関すること。

十六　社会教育に関する情報の収集、整理及び提供に関すること。

十七　視聴覚教育、体育及びレクリエーションに必要な設備、器材及び資料の提供に関すること。

十八　情報の交換及び調査研究に関すること。

十九　その他第三条第一項の任務を達成するために必要な事務

2　市町村の教育委員会は、前項第十三号から第十五号までに規定する活動であつて地域住民その他の関係者（以下この項及び第九条の七第二項において「地域住民等」という。）が学校と協働して行うもの（以下「地域学校協働活動」という。）の機会を提供す

社会教育法（抜粋）　│　173

る事業を実施するに当たつては、地域住民等の積極的な参加を得て当該地域学校協働活動が学校との適切な連携の下に円滑かつ効果的に実施されるよう、地域住民等と学校との連携協力体制の整備、地域学校協働活動に関する普及啓発その他の必要な措置を講ずるものとする。

3　地方教育行政の組織及び運営に関する法律（昭和三十一年法律第百六十二号）第二十三条第一項の条例の定めるところによりその長が同項第一号に掲げる事務（以下「特定事務」という。）を管理し、及び執行することとされた地方公共団体（以下「特定地方公共団体」という。）である市町村にあつては、第一項の規定にかかわらず、同項第三号及び第四号の事務のうち特定事務に関するものは、その長が行うものとする。

（都道府県の教育委員会の事務）

第六条　都道府県の教育委員会は、社会教育に関し、当該地方の必要に応じ、予算の範囲内において、前条第一項各号の事務（同項第三号の事務を除く。）を行うほか、次の事務を行う。

一　公民館及び図書館の設置及び管理に関し、必要な指導及び調査を行うこと。

二　社会教育を行う者の研修に必要な施設の設置及び運営、講習会の開催、資料の配布等に関すること。

三　社会教育施設の設置及び運営に必要な物資の提供及びそのあつせんに関すること。

四　市町村の教育委員会との連絡に関すること。

五　その他法令によりその職務権限に属する事項

2　前条第二項の規定は、都道府県の教育委員会が地域学校協働活動の機会を提供する事業を実施する場合に準用する。

3　特定地方公共団体である都道府県にあつては、第一項の規定にかかわらず、前条第一項第四号の事務のうち特定事務に関するものは、その長が行うものとする。

（教育委員会と地方公共団体の長との関係）

第七条　地方公共団体の長は、その所掌に関する必要な広報宣伝で視聴覚教育の手段を利用することその他教育の施設及び手段によることを適当とするものにつき、教育委員会（特定地方公共団体にあつては、その長又は教育委員会）に対し、その実施を依頼し、又は実施の協力を求めることができる。

2　前項の規定は、他の行政庁がその所掌に関する必要な広報宣伝につき、教育委員会に対し、その実施を依頼し、又は実施の協力を求める場合に準用する。

第八条　教育委員会は、社会教育に関する事務を行うために必要があるときは、当該地方公共団体の長及び関係行政庁に対し、必要な資料の提供その他の協力を求めることができる。

第八条の二　特定地方公共団体の長は、特定事務のうち当該特定地方公共団体の教育委員会の所管に属する学校、社会教育施設その他の施設における教育活動と密接な関連を有するものとして当該特定地方公共団体の規則で定めるものを管理し、及び執行するに当たつては、当該教育委員会の意見を聴かなければならない。

2　特定地方公共団体の長は、前項の規則を制定し、又は改廃しようとするときは、あらかじめ、当該特定地方公共団体の教育委員会の意見を聴かなければならない。

第八条の三　特定地方公共団体の教育委員会は、特定事務の管理及び執行について、その職務に関して必要と認めるときは、当該特定地方公共団体の長に対し、意見を述べることができる。

（図書館及び博物館）

第九条　図書館及び博物館は、社会教育のための機関とする。

2　図書館及び博物館に関し必要な事項は、別に法律をもつて定める。

第二章　社会教育主事等

（社会教育主事及び社会教育主事補の設置）

第九条の二　都道府県及び市町村の教育委員会の事務局に、社会教育主事を置く。

2　都道府県及び市町村の教育委員会の事務局に、社会教育主事補を置くことができる。

（社会教育主事及び社会教育主事補の職務）

第九条の三　社会教育主事は、社会教育を行う者に専門的技術的な助言と指導を与える。ただし、命令及び監督をしてはならない。

2　社会教育主事は、学校が社会教育関係団体、地域住民その他の関係者の協力を得て教育活動を行う場合には、その求めに応じて、必要な助言を行うことができる。

3　社会教育主事補は、社会教育主事の職務を助ける。

（社会教育主事の資格）

第九条の四　次の各号のいずれかに該当する者は、社会教育主事となる資格を有する。

一　大学に二年以上在学して六十二単位以上を修得し、又は高等専門学校を卒業し、かつ、次に掲げる期間を通算した期間が三年以上になる者で、次条の規定による社会教育主事の講習を修了したもの

イ　社会教育主事補の職にあつた期間

ロ　官公署、学校、社会教育施設又は社会教育関係団体における職で司書、学芸員その他の社会教育主事補の職と同等以上の職として文部科学大臣の指定するものにあつた期間

ハ　官公署、学校、社会教育施設又は社会教育関係団体が実施する社会教育に関係のある事業における業務であつて、社会教育主事として必要な知識又は技能の習得に資するものとして文部科学大臣が指定するものに従事した期間（イ又はロに掲げる期間に該当する期間を除く。）

二　教育職員の普通免許状を有し、かつ、五年以上文部科学大臣の指定する教育に関する職にあつた者で、次条の規定による社会教育主事の講習を修了したもの

社会教育法（抜粋）　175

三　大学に二年以上在学して、六十二単位以上を修得し、かつ、大学において文部科学省令で定める社会教育に関する科目の単位を修得した者で、第一号イからハまでに掲げる期間を通算した期間が一年以上になるもの

四　次条の規定による社会教育主事の講習を修了した者（第一号及び第二号に掲げる者を除く。）で、社会教育に関する専門的事項について前三号に掲げる者に相当する教養と経験があると都道府県の教育委員会が認定したもの

（社会教育主事の講習）

第九条の五　社会教育主事の講習は、文部科学大臣の委嘱を受けた大学その他の教育機関が行う。

2　受講資格その他社会教育主事の講習に関し必要な事項は、文部科学省令で定める。

（社会教育主事及び社会教育主事補の研修）

第九条の六　社会教育主事及び社会教育主事補の研修は、任命権者が行うもののほか、文部科学大臣及び都道府県が行う。

（地域学校協働活動推進員）

第九条の七　教育委員会は、地域学校協働活動の円滑かつ効果的な実施を図るため、社会的信望があり、かつ、地域学校協働活動の推進に熱意と識見を有する者のうちから、地域学校協働活動推進員を委嘱することができる。

2　地域学校協働活動推進員は、地域学校協働活動に関する事項につき、教育委員会の施策に協力して、地域住民等と学校との間の情報の共有を図るとともに、地域学校協働活動を行う地域住民等に対する助言その他の援助を行う。

第三章　社会教育関係団体

（社会教育関係団体の定義）

第十条　この法律で「社会教育関係団体」とは、法人であると否とを問わず、公の支配に属しない団体で社会教育に関する事業を行うことを主たる目的とするものをいう。

（文部科学大臣及び教育委員会との関係）

第十一条　文部科学大臣及び教育委員会は、社会教育関係団体の求めに応じ、これに対し、専門的技術的指導又は助言を与えることができる。

2　文部科学大臣及び教育委員会は、社会教育関係団体の求めに応じ、これに対し、社会教育に関する事業に必要な物資の確保につき援助を行う。

（国及び地方公共団体との関係）

第十二条　国及び地方公共団体は、社会教育関係団体に対し、いかなる方法によつても、不当に統制的支配を及ぼし、又はその事業に干渉を加えてはならない。

（審議会等への諮問）

第十三条　国又は地方公共団体が社会教育関係団体に対し補助金を交付しようとする場合には、あらかじめ、国にあつては文部科学大臣が審議会等（国家行政組織法（昭和二十三年法律第百二十号）第八条に規定する機関をいう。第五十一条第三項において同じ。）で政令で定めるものの、地方公共団体にあつては教育委員会が社会教育委員の会議（社会教育委員が置かれていない場合には、条例で定めるところにより社会教育に係る補助金の交付に関する事項を調査審議する審議会その他の合議制の機関）の意見を聴いて行わなければならない。

（報告）

第十四条　文部科学大臣及び教育委員会は、社会教育関係団体に対し、指導資料の作製及び調査研究のために必要な報告を求めることができる。

第四章　社会教育委員

（社会教育委員の設置）

第十五条　都道府県及び市町村に社会教育委員を置くことができる。

2　社会教育委員は、教育委員会が委嘱する。

第十六条　削除

（社会教育委員の職務）

第十七条　社会教育委員は、社会教育に関し教育委員会に助言するため、次の職務を行う。

　一　社会教育に関する諸計画を立案すること。

　二　定時又は臨時に会議を開き、教育委員会の諮問に応じ、これに対して、意見を述べること。

　三　前二号の職務を行うために必要な研究調査を行うこと。

2　社会教育委員は、教育委員会の会議に出席して社会教育に関し意見を述べることができる。

3　市町村の社会教育委員は、当該市町村の教育委員会から委嘱を受けた青少年教育に関する特定の事項について、社会教育関係団体、社会教育指導者その他関係者に対し、助言と指導を与えることができる。

（社会教育委員の委嘱の基準等）

第十八条　社会教育委員の委嘱の基準、定数及び任期その他社会教育委員に関し必要な事項は、当該地方公共団体の条例で定める。この場合において、社会教育委員の委嘱の基準については、文部科学省令で定める基準を参酌するものとする。

第十九条　削除

社会教育法（抜粋）　177

第五章　公民館

（目的）

第二十条　公民館は、市町村その他一定区域内の住民のために、実際生活に即する教育、学術及び文化に関する各種の事業を行い、もつて住民の教養の向上、健康の増進、情操の純化を図り、生活文化の振興、社会福祉の増進に寄与することを目的とする。

（公民館の設置者）

第二十一条　公民館は、市町村が設置する。

2　前項の場合を除くほか、公民館は、公民館の設置を目的とする一般社団法人又は一般財団法人（以下この章において「法人」という。）でなければ設置することができない。

3　公民館の事業の運営上必要があるときは、公民館に分館を設けることができる。

（公民館の事業）

第二十二条　公民館は、第二十条の目的達成のために、おおむね、左の事業を行う。但し、この法律及び他の法令によつて禁じられたものは、この限りでない。

　一　定期講座を開設すること。

　二　討論会、講習会、講演会、実習会、展示会等を開催すること。

　三　図書、記録、模型、資料等を備え、その利用を図ること。

　四　体育、レクリエーション等に関する集会を開催すること。

　五　各種の団体、機関等の連絡を図ること。

　六　その施設を住民の集会その他の公共的利用に供すること。

（公民館の運営方針）

第二十三条　公民館は、次の行為を行つてはならない。

　一　もつぱら営利を目的として事業を行い、特定の営利事務に公民館の名称を利用させその他営利事業を援助すること。

　二　特定の政党の利害に関する事業を行い、又は公私の選挙に関し、特定の候補者を支持すること。

2　市町村の設置する公民館は、特定の宗教を支持し、又は特定の教派、宗派若しくは教団を支援してはならない。

（公民館の基準）

第二十三条の二　文部科学大臣は、公民館の健全な発達を図るために、公民館の設置及び運営上必要な基準を定めるものとする。

2　文部科学大臣及び都道府県の教育委員会は、市町村の設置する公民館が前項の基準に従つて設置され及び運営されるように、当該市町村に対し、指導、助言その他の援助に努めるものとする。

（公民館の設置）

第二十四条　市町村が公民館を設置しようとするときは、条例で、公民館の設置及び管理に関する事項を定めなければならない。

第二十五条　削除

第二十六条　削除

（公民館の職員）

第二十七条　公民館に館長を置き、主事その他必要な職員を置くことができる。

2　館長は、公民館の行う各種の事業の企画実施その他必要な事務を行い、所属職員を監督する。

3　主事は、館長の命を受け、公民館の事業の実施にあたる。

第二十八条　市町村の設置する公民館の館長、主事その他必要な職員は、当該市町村の教育委員会（特定地方公共団体である市町村の長がその設置、管理及び廃止に関する事務を管理し、及び執行することとされた公館（第三十条第一項及び第四十条第一項において「特定公民館」という。）の館長、主事その他必要な職員にあつては、当該市町村の長）が任命する。

（公民館の職員の研修）

第二十八条の二　第九条の六の規定は、公民館の職員の研修について準用する。

（公民館運営審議会）

第二十九条　公民館に公民館運営審議会を置くことができる。

2　公民館運営審議会は、館長の諮問に応じ、公民館における各種の事業の企画実施につき調査審議するものとする。

第三十条　市町村の設置する公民館にあつては、公民館運営審議会の委員は、当該市町村の教育委員会（特定公民館に置く公民館運営審議会の委員にあつては、当該市町村の長）が委嘱する。

2　前項の公民館運営審議会の委員の委嘱の基準、定数及び任期その他当該公民館運営審議会に関し必要な事項は、当該市町村の条例で定める。この場合において、委員の委嘱の基準については、文部科学省令で定める基準を参酌するものとする。

第三十一条　法人の設置する公民館に公民館運営審議会を置く場合にあつては、その委員は、当該法人の役員をもつて充てるものとする。

（運営の状況に関する評価等）

第三十二条　公民館は、当該公民館の運営の状況について評価を行うとともに、その結果に基づき公民館の運営の改善を図るため必要な措置を講ずるよう努めなければならない。

（運営の状況に関する情報の提供）

第三十二条の二　公民館は、当該公民館の事業に関する地域住民その他の関係者の理解を深めるとともに、これらの者との連携及び協力の推進に資するため、当該公民館の運営の状況に関する情報を積極的に提供するよう努めなければならない。

社会教育法（抜粋）　179

（基金）

第三十三条　公民館を設置する市町村にあつては、公民館の維持運営のために、地方自治法（昭和二十二年法律第六十七号）第二百四十一条の基金を設けることができる。

（特別会計）

第三十四条　公民館を設置する市町村にあつては、公民館の維持運営のために、特別会計を設けることができる。

（公民館の補助）

第三十五条　国は、公民館を設置する市町村に対し、予算の範囲内において、公民館の施設、設備に要する経費その他必要な経費の一部を補助することができる。

2　前項の補助金の交付に関し必要な事項は、政令で定める。

第三十六条　削除

第三十七条　都道府県が地方自治法第二百三十二条の二の規定により、公民館の運営に要する経費を補助する場合において、文部科学大臣は、政令の定めるところにより、その補助金の額、補助の比率、補助の方法その他必要な事項につき報告を求めることができる。

第三十八条　国庫の補助を受けた市町村は、左に掲げる場合においては、その受けた補助金を国庫に返還しなければならない。

　一　公民館がこの法律若しくはこの法律に基く命令又はこれらに基いてした処分に違反したとき。

　二　公民館がその事業の全部若しくは一部を廃止し、又は第二十条に掲げる目的以外の用途に利用されるようになつたとき。

　三　補助金交付の条件に違反したとき。

　四　虚偽の方法で補助金の交付を受けたとき。

（法人の設置する公民館の指導）

第三十九条　文部科学大臣及び都道府県の教育委員会は、法人の設置する公民館の運営その他に関し、その求めに応じて、必要な指導及び助言を与えることができる。

（公民館の事業又は行為の停止）

第四十条　公民館が第二十三条の規定に違反する行為を行つたときは、市町村の設置する公民館にあつては当該市町村の教育委員会（特定公民館にあつては、当該市町村の長）、法人の設置する公民館にあつては都道府県の教育委員会は、その事業又は行為の停止を命ずることができる。

2　前項の規定による法人の設置する公民館の事業又は行為の停止命令に関し必要な事項は、都道府県の条例で定めることができる。

（罰則）

第四十一条　前条第一項の規定による公民館の事業又は行為の停止命令に違反する行為を

した者は、一年以下の懲役若しくは禁錮こ又は三万円以下の罰金に処する。

（公民館類似施設）
第四十二条　公民館に類似する施設は、何人もこれを設置することができる。
2　前項の施設の運営その他に関しては、第三十九条の規定を準用する。

第六章　学校施設の利用

（適用範囲）
第四十三条　社会教育のためにする国立学校（学校教育法第一条に規定する学校（以下こ
　の条において「第一条学校」という。）及び就学前の子どもに関する教育、保育等の総合
　的な提供の推進に関する法律第二条第七項に規定する幼保連携型認定こども園（以下
　「幼保連携型認定こども園」という。）であつて国（国立大学法人法（平成十五年法律第
　百十二号）第二条第一項に規定する国立大学法人（次条第二項において「国立大学法人」
　という。）及び独立行政法人国立高等専門学校機構を含む。）が設置するものをいう。以
　下同じ。）又は公立学校（第一条学校及び幼保連携型認定こども園であつて地方公共団
　体（地方独立行政法人法（平成十五年法律第百十八号）第六十八条第一項に規定する公
　立大学法人（次条第二項及び第四十八条第一項において「公立大学法人」という。）を含
　む。）が設置するものをいう。以下同じ。）の施設の利用に関しては、この章の定めると
　ころによる。

（学校施設の利用）
第四十四条　学校（国立学校又は公立学校をいう。以下この章において同じ。）の管理機関
　は、学校教育上支障がないと認める限り、その管理する学校の施設を社会教育のために
　利用に供するように努めなければならない。
2　前項において「学校の管理機関」とは、国立学校にあつては設置者である国立大学法
　人の学長又は独立行政法人国立高等専門学校機構の理事長、公立学校のうち、大学及び
　幼保連携型認定こども園にあつては設置者である地方公共団体の長又は公立大学法人の
　理事長、大学及び幼保連携型認定こども園以外の公立学校にあつては設置者である地方
　公共団体に設置されている教育委員会又は公立大学法人の理事長をいう。

（学校施設利用の許可）
第四十五条　社会教育のために学校の施設を利用しようとする者は、当該学校の管理機関
　の許可を受けなければならない。
2　前項の規定により、学校の管理機関が学校施設の利用を許可しようとするときは、あ
　らかじめ、学校の長の意見を聞かなければならない。
第四十六条　国又は地方公共団体が社会教育のために、学校の施設を利用しようとすると
　きは、前条の規定にかかわらず、当該学校の管理機関と協議するものとする。
第四十七条　第四十五条の規定による学校施設の利用が一時的である場合には、学校の管

社会教育法（抜粋）　　181

理機関は、同条第一項の許可に関する権限を学校の長に委任することができる。

2　前項の権限の委任その他学校施設の利用に関し必要な事項は、学校の管理機関が定める。

（社会教育の講座）

第四十八条　文部科学大臣は国立学校に対し、地方公共団体の長は当該地方公共団体が設置する大学若しくは幼保連携型認定こども園又は当該地方公共団体が設立する公立大学法人が設置する公立学校に対し、地方公共団体に設置されている教育委員会は当該地方公共団体が設置する大学及び幼保連携型認定こども園以外の公立学校に対し、その教育組織及び学校の施設の状況に応じ、文化講座、専門講座、夏期講座、社会学級講座等学校施設の利用による社会教育のための講座の開設を求めることができる。

2　文化講座は、成人の一般的教養に関し、専門講座は、成人の専門的学術知識に関し、夏期講座は、夏期休暇中、成人の一般的教養又は専門的学術知識に関し、それぞれ大学、高等専門学校又は高等学校において開設する。

3　社会学級講座は、成人の一般的教養に関し、小学校、中学校又は義務教育学校において開設する。

4　第一項の規定する講座を担当する講師の報酬その他必要な経費は、予算の範囲内において、国又は地方公共団体が負担する。

第七章　通信教育

（適用範囲）

第四十九条　学校教育法第五十四条、第七十条第一項、第八十二条及び第八十四条の規定により行うものを除き、通信による教育に関しては、この章の定めるところによる。

（通信教育の定義）

第五十条　この法律において「通信教育」とは、通信の方法により一定の教育計画の下に、教材、補助教材等を受講者に送付し、これに基き、設問解答、添削指導、質疑応答等を行う教育をいう。

2　通信教育を行う者は、その計画実現のために、必要な指導者を置かなければならない。

（通信教育の認定）

第五十一条　文部科学大臣は、学校又は一般社団法人若しくは一般財団法人の行う通信教育で社会教育上奨励すべきものについて、通信教育の認定（以下「認定」という。）を与えることができる。

2　認定を受けようとする者は、文部科学大臣の定めるところにより、文部科学大臣に申請しなければならない。

3　文部科学大臣が、第一項の規定により、認定を与えようとするときは、あらかじめ、第十三条の政令で定める審議会等に諮問しなければならない。

（認定手数料）

第五十二条　文部科学大臣は、認定を申請する者から実費の範囲内において文部科学省令で定める額の手数料を徴収することができる。ただし、国立学校又は公立学校が行う通信教育に関しては、この限りでない。

第五十三条　削除

（郵便料金の特別取扱）

第五十四条　認定を受けた通信教育に要する郵便料金については、郵便法（昭和二十二年法律第百六十五号）の定めるところにより、特別の取扱を受けるものとする。

（通信教育の廃止）

第五十五条　認定を受けた通信教育を廃止しようとするとき、又はその条件を変更しようとするときは、文部科学大臣の定めるところにより、その許可を受けなければならない。

2　前項の許可に関しては、第五十一条第三項の規定を準用する。

（報告及び措置）

第五十六条　文部科学大臣は、認定を受けた者に対し、必要な報告を求め、又は必要な措置を命ずることができる。

（認定の取消）

第五十七条　認定を受けた者がこの法律若しくはこの法律に基く命令又はこれらに基いてした処分に違反したときは、文部科学大臣は、認定を取り消すことができる。

2　前項の認定の取消に関しては、第五十一条第三項の規定を準用する。

附　則　抄

1　この法律は、公布の日から施行する。

5　この法律施行前通信教育認定規程（昭和二十二年文部省令第二十二号）により認定を受けた通信教育は、第五十一条第一項の規定により、認定を受けたものとみなす。

社会教育法（抜粋）　183

資料9　地方教育行政の組織及び運営に関する法律（抜粋）

地方教育行政の組織及び運営に関する法律

昭和三十一年法律第百六十二号

最終更新：　令和元年六月七日公布（令和元年法律第二十六号）改正

目次

第一章　総則（第一条─第一条の四）

第二章　教育委員会の設置及び組織

　第一節　教育委員会の設置、教育長及び委員並びに会議（第二条─第十六条）

　第二節　事務局（第十七条─第二十条）

第三章　教育委員会及び地方公共団体の長の職務権限（第二十一条─第二十九条）

第四章　教育機関

　第一節　通則（第三十条─第三十六条）

　第二節　市町村立学校の教職員（第三十七条─第四十七条の四）

　第三節　共同学校事務室（第四十七条の五）

　第四節　学校運営協議会（第四十七条の六）

第五章　文部科学大臣及び教育委員会相互間の関係等（第四十八条─第五十五条の二）

第六章　雑則（第五十六条─第六十三条）

附則

第一章　総則

（この法律の趣旨）

第一条　この法律は、教育委員会の設置、学校その他の教育機関の職員の身分取扱その他
　地方公共団体における教育行政の組織及び運営の基本を定めることを目的とする。

（基本理念）

第一条の二　　地方公共団体における教育行政は、教育基本法（平成十八年法律第百二十
　号）の趣旨にのつとり、教育の機会均等、教育水準の維持向上及び地域の実情に応じた
　教育の振興が図られるよう、国との適切な役割分担及び相互の協力の下、公正かつ適正
　に行われなければならない。

（中略）

第二章　教育委員会の設置及び組織

第一節　教育委員会の設置、教育長及び委員並びに会議

（設置）

第二条 都道府県、市（特別区を含む。以下同じ。）町村及び第二十一条に規定する事務の全部又は一部を処理する地方公共団体の組合に教育委員会を置く。

（組織）

第三条 教育委員会は、教育長及び四人の委員をもつて組織する。ただし、条例で定めるところにより、都道府県若しくは市又は地方公共団体の組合のうち都道府県若しくは市が加入するものの教育委員会にあつては教育長及び五人以上の委員、町村又は地方公共団体の組合のうち町村のみが加入するものの教育委員会にあつては教育長及び二人以上の委員をもつて組織することができる。

（任命）

第四条 教育長は、当該地方公共団体の長の被選挙権を有する者で、人格が高潔で、教育行政に関し識見を有するもののうちから、地方公共団体の長が、議会の同意を得て、任命する。

2 委員は、当該地方公共団体の長の被選挙権を有する者で、人格が高潔で、教育、学術及び文化（以下単に「教育」という。）に関し識見を有するもののうちから、地方公共団体の長が、議会の同意を得て、任命する。

3 次の各号のいずれかに該当する者は、教育長又は委員となることができない。

一 破産手続開始の決定を受けて復権を得ない者

二 禁錮以上の刑に処せられた者

4 教育長及び委員の任命については、そのうち委員の定数に一を加えた数の二分の一以上の者が同一の政党に所属することとなつてはならない。

5 地方公共団体の長は、第二項の規定による委員の任命に当たつては、委員の年齢、性別、職業等に著しい偏りが生じないように配慮するとともに、委員のうちに保護者（親権を行う者及び未成年後見人をいう。第四十七条の六第二項第二号及び第五項において同じ。）である者が含まれるようにしなければならない。

（任期）

第五条 教育長の任期は三年とし、委員の任期は四年とする。ただし、補欠の教育長又は委員の任期は、前任者の残任期間とする。

2 教育長及び委員は、再任されることができる。

（中略）

第三章　教育委員会及び地方公共団体の長の職務権限

（教育委員会の職務権限）

第二十一条 教育委員会は、当該地方公共団体が処理する教育に関する事務で、次に掲げるものを管理し、及び執行する。

地方教育行政の組織及び運営に関する法律（抜粋）｜185

一　教育委員会の所管に属する第三十条に規定する学校その他の教育機関（以下「学校その他の教育機関」という。）の設置、管理及び廃止に関すること。

二　教育委員会の所管に属する学校その他の教育機関の用に供する財産（以下「教育財産」という。）の管理に関すること。

三　教育委員会及び教育委員会の所管に属する学校その他の教育機関の職員の任免その他の人事に関すること。

四　学齢生徒及び学齢児童の就学並びに生徒、児童及び幼児の入学、転学及び退学に関すること。

五　教育委員会の所管に属する学校の組織編制、教育課程、学習指導、生徒指導及び職業指導に関すること。

六　教科書その他の教材の取扱いに関すること。

七　校舎その他の施設及び教具その他の設備の整備に関すること。

八　校長、教員その他の教育関係職員の研修に関すること。

九　校長、教員その他の教育関係職員並びに生徒、児童及び幼児の保健、安全、厚生及び福利に関すること。

十　教育委員会の所管に属する学校その他の教育機関の環境衛生に関すること。

十一　学校給食に関すること。

十二　青少年教育、女性教育及び公民館の事業その他社会教育に関すること。

十三　スポーツに関すること。

十四　文化財の保護に関すること。

十五　ユネスコ活動に関すること。

十六　教育に関する法人に関すること。

十七　教育に係る調査及び基幹統計その他の統計に関すること。

十八　所掌事務に係る広報及び所掌事務に係る教育行政に関する相談に関すること。

十九　前各号に掲げるもののほか、当該地方公共団体の区域内における教育に関する事務に関すること。

（長の職務権限）

第二十二条　地方公共団体の長は、大綱の策定に関する事務のほか、次に掲げる教育に関する事務を管理し、及び執行する。

一　大学に関すること。

二　幼保連携型認定こども園に関すること。

三　私立学校に関すること。

四　教育財産を取得し、及び処分すること。

五　教育委員会の所掌に係る事項に関する契約を結ぶこと。

六　前号に掲げるもののほか、教育委員会の所掌に係る事項に関する予算を執行すること。

（職務権限の特例）

第二十三条　前二条の規定にかかわらず、地方公共団体は、前条各号に掲げるもののほか、条例の定めるところにより、当該地方公共団体の長が、次の各号に掲げる教育に関する事務のいずれか又は全てを管理し、及び執行することとすることができる。

一　図書館、博物館、公民館その他の社会教育に関する教育機関のうち当該条例で定めるもの（以下「特定社会教育機関」という。）の設置、管理及び廃止に関すること（第二十一条第七号から第九号まで及び第十二号に掲げる事務のうち、特定社会教育機関のみに係るものを含む。）。

二　スポーツに関すること（学校における体育に関することを除く。）。

三　文化に関すること（次号に掲げるものを除く。）。

四　文化財の保護に関すること。

2　地方公共団体の議会は、前項の条例の制定又は改廃の議決をする前に、当該地方公共団体の教育委員会の意見を聴かなければならない。

（中略）

第四節　学校運営協議会

第四十七条の六　教育委員会は、教育委員会規則で定めるところにより、その所管に属する学校ごとに、当該学校の運営及び当該運営への必要な支援に関して協議する機関として、学校運営協議会を置くように努めなければならない。ただし、二以上の学校の運営に関し相互に密接な連携を図る必要がある場合として文部科学省令で定める場合には、二以上の学校について一の学校運営協議会を置くことができる。

2　学校運営協議会の委員は、次に掲げる者について、教育委員会が任命する。

一　対象学校（当該学校運営協議会が、その運営及び当該運営への必要な支援に関して協議する学校をいう。以下この条において同じ。）の所在する地域の住民

二　対象学校に在籍する生徒、児童又は幼児の保護者

三　社会教育法（昭和二十四年法律第二百七号）第九条の七第一項に規定する地域学校協働活動推進員その他の対象学校の運営に資する活動を行う者

四　その他当該教育委員会が必要と認める者

3　対象学校の校長は、前項の委員の任命に関する意見を教育委員会に申し出ることができる。

4　対象学校の校長は、当該対象学校の運営に関して、教育課程の編成その他教育委員会規則で定める事項について基本的な方針を作成し、当該対象学校の学校運営協議会の承認を得なければならない。

5　学校運営協議会は、前項に規定する基本的な方針に基づく対象学校の運営及び当該運営への必要な支援に関し、対象学校の所在する地域の住民、対象学校に在籍する生徒、児童又は幼児の保護者その他の関係者の理解を深めるとともに、対象学校とこれらの者との連携及び協力の推進に資するため、対象学校の運営及び当該運営への必要な支援に関する協議の結果に関する情報を積極的に提供するよう努めるものとする。

地方教育行政の組織及び運営に関する法律（抜粋）　187

6　学校運営協議会は、対象学校の運営に関する事項（次項に規定する事項を除く。）について、教育委員会又は校長に対して、意見を述べることができる。

7　学校運営協議会は、対象学校の職員の採用その他の任用に関して教育委員会規則で定める事項について、当該職員の任命権者に対して意見を述べることができる。この場合において、当該職員が県費負担教職員（第五十五条第一項又は第六十一条第一項の規定により市町村委員会がその任用に関する事務を行う職員を除く。）であるときは、市町村委員会を経由するものとする。

8　対象学校の職員の任命権者は、当該職員の任用に当たつては、前項の規定により述べられた意見を尊重するものとする。

9　教育委員会は、学校運営協議会の運営が適正を欠くことにより、対象学校の運営に現に支障が生じ、又は生ずるおそれがあると認められる場合においては、当該学校運営協議会の適正な運営を確保するために必要な措置を講じなければならない。

10　学校運営協議会の委員の任免の手続及び任期、学校運営協議会の議事の手続その他学校運営協議会の運営に関し必要な事項については、教育委員会規則で定める。

第五章　文部科学大臣及び教育委員会相互間の関係等

（文部科学大臣又は都道府県委員会の指導、助言及び援助）

第四十八条　地方自治法第二百四十五条の四第一項の規定によるほか、文部科学大臣は都道府県又は市町村に対し、都道府県委員会は市町村に対し、都道府県又は市町村の教育に関する事務の適正な処理を図るため、必要な指導、助言又は援助を行うことができる。

2　前項の指導、助言又は援助を例示すると、おおむね次のとおりである。

一　学校その他の教育機関の設置及び管理並びに整備に関し、指導及び助言を与えること。

二　学校の組織編制、教育課程、学習指導、生徒指導、職業指導、教科書その他の教材の取扱いその他学校運営に関し、指導及び助言を与えること。

三　学校における保健及び安全並びに学校給食に関し、指導及び助言を与えること。

四　教育委員会の委員及び校長、教員その他の教育関係職員の研究集会、講習会その他研修に関し、指導及び助言を与え、又はこれらを主催すること。

五　生徒及び児童の就学に関する事務に関し、指導及び助言を与えること。

六　青少年教育、女性教育及び公民館の事業その他社会教育の振興並びに芸術の普及及び向上に関し、指導及び助言を与えること。

七　スポーツの振興に関し、指導及び助言を与えること。

八　指導主事、社会教育主事その他の職員を派遣すること。

九　教育及び教育行政に関する資料、手引書等を作成し、利用に供すること。

十　教育に係る調査及び統計並びに広報及び教育行政に関する相談に関し、指導及び助言を与えること。

十一　教育委員会の組織及び運営に関し、指導及び助言を与えること。

3　文部科学大臣は、都道府県委員会に対し、第一項の規定による市町村に対する指導、助言又は援助に関し、必要な指示をすることができる。

4　地方自治法第二百四十五条の四第三項の規定によるほか、都道府県知事又は都道府県委員会は文部科学大臣に対し、市町村長又は市町村委員会は文部科学大臣又は都道府県委員会に対し、教育に関する事務の処理について必要な指導、助言又は援助を求めることができる。

（以下略）

資料 10　地方自治法（抜粋）

地方自治法

昭和二十二年法律第六十七号

最終更新：　令和元年五月十五日公布（令和元年法律第一号）改正

目次

第一編　総則

第二編　普通地方公共団体

　第一章　通則

　第二章　住民

　第三章　条例及び規則

　第四章　選挙

　第五章　直接請求

　第六章　議会

　第七章　執行機関

　第八章　給与その他の給付

　第九章　財務

　第十章　公の施設

　第十一章　国と普通地方公共団体との関係及び普通地方公共団体相互間の関係

　第十二章　大都市等に関する特例

　第十三章　外部監査契約に基づく監査

　第十四章　補則

第三編　特別地方公共団体

　第一章　削除

　第二章　特別区

　第三章　地方公共団体の組合

　第四章　財産区

第四編　補則

附則

第一編　総則

第一条　この法律は、地方自治の本旨に基いて、地方公共団体の区分並びに地方公共団体の組織及び運営に関する事項の大綱を定め、併せて国と地方公共団体との間の基本的関係を確立することにより、地方公共団体における民主的にして能率的な行政の確保を図るとともに、地方公共団体の健全な発達を保障することを目的とする。

第一条の二　地方公共団体は、住民の福祉の増進を図ることを基本として、地域における

行政を自主的かつ総合的に実施する役割を広く担うものとする。

○2　国は、前項の規定の趣旨を達成するため、国においては国際社会における国家としての存立にかかわる事務、全国的に統一して定めることが望ましい国民の諸活動若しくは地方自治に関する基本的な準則に関する事務又は全国的な規模で若しくは全国的な視点に立つて行わなければならない施策及び事業の実施その他の国が本来果たすべき役割を重点的に担い、住民に身近な行政はできる限り地方公共団体にゆだねることを基本として、地方公共団体との間で適切に役割を分担するとともに、地方公共団体に関する制度の策定及び施策の実施に当たつて、地方公共団体の自主性及び自立性が十分に発揮されるようにしなければならない。

第一条の三　地方公共団体は、普通地方公共団体及び特別地方公共団体とする。

○2　普通地方公共団体は、都道府県及び市町村とする。

○3　特別地方公共団体は、特別区、地方公共団体の組合及び財産区とする。

第二条　地方公共団体は、法人とする。

○2　普通地方公共団体は、地域における事務及びその他の事務で法律又はこれに基づく政令により処理することとされるものを処理する。

○3　市町村は、基礎的な地方公共団体として、第五項において都道府県が処理するものとされているものを除き、一般的に、前項の事務を処理するものとする。

○4　市町村は、前項の規定にかかわらず、次項に規定する事務のうち、その規模又は性質において一般の市町村が処理することが適当でないと認められるものについては、当該市町村の規模及び能力に応じて、これを処理することができる。

○5　都道府県は、市町村を包括する広域の地方公共団体として、第二項の事務で、広域にわたるもの、市町村に関する連絡調整に関するもの及びその規模又は性質において一般の市町村が処理することが適当でないと認められるものを処理するものとする。

○6　都道府県及び市町村は、その事務を処理するに当つては、相互に競合しないようにしなければならない。

○7　特別地方公共団体は、この法律の定めるところにより、その事務を処理する。

○8　この法律において「自治事務」とは、地方公共団体が処理する事務のうち、法定受託事務以外のものをいう。

○9　この法律において「法定受託事務」とは、次に掲げる事務をいう。

一　法律又はこれに基づく政令により都道府県、市町村又は特別区が処理することとされる事務のうち、国が本来果たすべき役割に係るものであつて、国においてその適正な処理を特に確保する必要があるものとして法律又はこれに基づく政令に特に定めるもの（以下「第一号法定受託事務」という。）

二　法律又はこれに基づく政令により市町村又は特別区が処理することとされる事務のうち、都道府県が本来果たすべき役割に係るものであつて、都道府県においてその適正な処理を特に確保する必要があるものとして法律又はこれに基づく政令に特に定めるもの（以下「第二号法定受託事務」という。）

○10　この法律又はこれに基づく政令に規定するもののほか、法律に定める法定受託事務

は第一号法定受託事務にあつては別表第一の上欄に掲げる法律についてそれぞれ同表の下欄に、第二号法定受託事務にあつては別表第二の上欄に掲げる法律についてそれぞれ同表の下欄に掲げるとおりであり、政令に定める法定受託事務はこの法律に基づく政令に示すとおりである。

○11　地方公共団体に関する法令の規定は、地方自治の本旨に基づき、かつ、国と地方公共団体との適切な役割分担を踏まえたものでなければならない。

○12　地方公共団体に関する法令の規定は、地方自治の本旨に基づいて、かつ、国と地方公共団体との適切な役割分担を踏まえて、これを解釈し、及び運用するようにしなければならない。この場合において、特別地方公共団体に関する法令の規定は、この法律に定める特別地方公共団体の特性にも照応するように、これを解釈し、及び運用しなければならない。

○13　法律又はこれに基づく政令により地方公共団体が処理することとされる事務が自治事務である場合においては、国は、地方公共団体が地域の特性に応じて当該事務を処理することができるよう特に配慮しなければならない。

○14　地方公共団体は、その事務を処理するに当つては、住民の福祉の増進に努めるとともに、最少の経費で最大の効果を挙げるようにしなければならない。

○15　地方公共団体は、常にその組織及び運営の合理化に努めるとともに、他の地方公共団体に協力を求めてその規模の適正化を図らなければならない。

○16　地方公共団体は、法令に違反してその事務を処理してはならない。なお、市町村及び特別区は、当該都道府県の条例に違反してその事務を処理してはならない。

○17　前項の規定に違反して行つた地方公共団体の行為は、これを無効とする。

第三条　地方公共団体の名称は、従来の名称による。

○2　都道府県の名称を変更しようとするときは、法律でこれを定める。

○3　都道府県以外の地方公共団体の名称を変更しようとするときは、この法律に特別の定めのあるものを除くほか、条例でこれを定める。

○4　地方公共団体の長は、前項の規定により当該地方公共団体の名称を変更しようとするときは、あらかじめ都道府県知事に協議しなければならない。

○5　地方公共団体は、第三項の規定により条例を制定し又は改廃したときは、直ちに都道府県知事に当該地方公共団体の変更後の名称及び名称を変更する日を報告しなければならない。

○6　都道府県知事は、前項の規定による報告があつたときは、直ちにその旨を総務大臣に通知しなければならない。

○7　前項の規定による通知を受けたときは、総務大臣は、直ちにその旨を告示するとともに、これを国の関係行政機関の長に通知しなければならない。

第四条　地方公共団体は、その事務所の位置を定め又はこれを変更しようとするときは、条例でこれを定めなければならない。

○2　前項の事務所の位置を定め又はこれを変更するに当つては、住民の利用に最も便利であるように、交通の事情、他の官公署との関係等について適当な考慮を払わなければ

ならない。

○3　第一項の条例を制定し又は改廃しようとするときは、当該地方公共団体の議会において出席議員の三分の二以上の者の同意がなければならない。

第四条の二　地方公共団体の休日は、条例で定める。

○2　前項の地方公共団体の休日は、次に掲げる日について定めるものとする。

一　日曜日及び土曜日

二　国民の祝日に関する法律（昭和二十三年法律第百七十八号）に規定する休日

三　年末又は年始における日で条例で定めるもの

○3　前項各号に掲げる日のほか、当該地方公共団体において特別な歴史的、社会的意義を有し、住民がこぞつて記念することが定着している日で、当該地方公共団体の休日とすることについて広く国民の理解を得られるようなものは、第一項の地方公共団体の休日として定めることができる。この場合においては、当該地方公共団体の長は、あらかじめ総務大臣に協議しなければならない。

○4　地方公共団体の行政庁に対する申請、届出その他の行為の期限で法律又は法律に基づく命令で規定する期間（時をもつて定める期間を除く。）をもつて定めるものが第一項の規定に基づき条例で定められた地方公共団体の休日に当たるときは、地方公共団体の休日の翌日をもつてその期限とみなす。ただし、法律又は法律に基づく命令に別段の定めがある場合は、この限りでない。

（中略）

第百八十条の七　普通地方公共団体の委員会又は委員は、その権限に属する事務の一部を、当該普通地方公共団体の長と協議して、普通地方公共団体の長の補助機関である職員若しくはその管理に属する支庁若しくは地方事務所、支所若しくは出張所、第二百二条の四第二項に規定する地域自治区の事務所、第二百五十二条の十九第一項に規定する指定都市の区若しくは総合区の事務所若しくはその出張所、保健所その他の行政機関の長に委任し、若しくは普通地方公共団体の長の補助機関である職員若しくはその管理に属する行政機関に属する職員をして補助執行させ、又は専門委員に委託して必要な事項を調査させることができる。ただし、政令で定める事務については、この限りではない。

第二款　教育委員会

第百八十条の八　教育委員会は、別に法律の定めるところにより、学校その他の教育機関を管理し、学校の組織編制、教育課程、教科書その他の教材の取扱及び教育職員の身分取扱に関する事務を行い、並びに社会教育その他教育、学術及び文化に関する事務を管理し及びこれを執行する。

第十章　公の施設

（公の施設）

第二百四十四条　普通地方公共団体は、住民の福祉を増進する目的をもつてその利用に供するための施設（これを公の施設という。）を設けるものとする。

地方自治法（抜粋）　193

2　普通地方公共団体（次条第三項に規定する指定管理者を含む。次項において同じ。）は、正当な理由がない限り、住民が公の施設を利用することを拒んではならない。

3　普通地方公共団体は、住民が公の施設を利用することについて、不当な差別的取扱いをしてはならない。

（公の施設の設置、管理及び廃止）

第二百四十四条の二　普通地方公共団体は、法律又はこれに基づく政令に特別の定めがあるものを除くほか、公の施設の設置及びその管理に関する事項は、条例でこれを定めなければならない。

2　普通地方公共団体は、条例で定める重要な公の施設のうち条例で定める特に重要なものについて、これを廃止し、又は条例で定める長期かつ独占的な利用をさせようとするときは、議会において出席議員の三分の二以上の者の同意を得なければならない。

3　普通地方公共団体は、公の施設の設置の目的を効果的に達成するため必要があると認めるときは、条例の定めるところにより、法人その他の団体であつて当該普通地方公共団体が指定するもの（以下本条及び第二百四十四条の四において「指定管理者」という。）に、当該公の施設の管理を行わせることができる。

4　前項の条例には、指定管理者の指定の手続、指定管理者が行う管理の基準及び業務の範囲その他必要な事項を定めるものとする。

5　指定管理者の指定は、期間を定めて行うものとする。

6　普通地方公共団体は、指定管理者の指定をしようとするときは、あらかじめ、当該普通地方公共団体の議会の議決を経なければならない。

7　指定管理者は、毎年度終了後、その管理する公の施設の管理の業務に関し事業報告書を作成し、当該公の施設を設置する普通地方公共団体に提出しなければならない。

8　普通地方公共団体は、適当と認めるときは、指定管理者にその管理する公の施設の利用に係る料金（次項において「利用料金」という。）を当該指定管理者の収入として収受させることができる。

9　前項の場合における利用料金は、公益上必要があると認める場合を除くほか、条例の定めるところにより、指定管理者が定めるものとする。この場合において、指定管理者は、あらかじめ当該利用料金について当該普通地方公共団体の承認を受けなければならない。

10　普通地方公共団体の長又は委員会は、指定管理者の管理する公の施設の管理の適正を期するため、指定管理者に対して、当該管理の業務又は経理の状況に関し報告を求め、実地について調査し、又は必要な指示をすることができる。

11　普通地方公共団体は、指定管理者が前項の指示に従わないときその他当該指定管理者による管理を継続することが適当でないと認めるときは、その指定を取り消し、又は期間を定めて管理の業務の全部又は一部の停止を命ずることができる。

（公の施設の区域外設置及び他の団体の公の施設の利用）

第二百四十四条の三　普通地方公共団体は、その区域外においても、また、関係普通地方

公共団体との協議により、公の施設を設けることができる。

2 　普通地方公共団体は、他の普通地方公共団体との協議により、当該他の普通地方公共団体の公の施設を自己の住民の利用に供させることができる。

3 　前二項の協議については、関係普通地方公共団体の議会の議決を経なければならない。

（公の施設を利用する権利に関する処分についての審査請求）

第二百四十四条の四 　普通地方公共団体の長以外の機関（指定管理者を含む。）がした公の施設を利用する権利に関する処分についての審査請求は、普通地方公共団体の長が当該機関の最上級行政庁でない場合においても、当該普通地方公共団体の長に対してするものとする。

2 　普通地方公共団体の長は、公の施設を利用する権利に関する処分についての審査請求がされた場合には、当該審査請求が不適法であり、却下するときを除き、議会に諮問した上、当該審査請求に対する裁決をしなければならない。

3 　議会は、前項の規定による諮問を受けた日から二十日以内に意見を述べなければならない。

4 　普通地方公共団体の長は、第二項の規定による諮問をしないで同項の審査請求を却下したときは、その旨を議会に報告しなければならない。

（以下略）

地方自治法（抜粋）　195

資料11　特定非営利活動促進法（抜粋）

特定非営利活動促進法

平成十年法律第七号

目次

第一章　総則（第一条・第二条）

第二章　特定非営利活動法人

第三章　認定特定非営利活動法人及び特例認定特定非営利活動法人

第四章　税法上の特例（第七十条・第七十一条）

第五章　雑則（第七十二条―第七十六条）

第六章　罰則（第七十七条―第八十一条）

附則

第一章　総則

（目的）

第一条　この法律は、特定非営利活動を行う団体に法人格を付与すること並びに運営組織及び事業活動が適正であって公益の増進に資する特定非営利活動法人の認定に係る制度を設けること等により、ボランティア活動をはじめとする市民が行う自由な社会貢献活動としての特定非営利活動の健全な発展を促進し、もって公益の増進に寄与することを目的とする。

（定義）

第二条　この法律において「特定非営利活動」とは、別表に掲げる活動に該当する活動であって、不特定かつ多数のものの利益の増進に寄与することを目的とするものをいう。

2　この法律において「特定非営利活動法人」とは、特定非営利活動を行うことを主たる目的とし、次の各号のいずれにも該当する団体であって、この法律の定めるところにより設立された法人をいう。

　一　次のいずれにも該当する団体であって、営利を目的としないものであること。

　　イ　社員の資格の得喪に関して、不当な条件を付さないこと。

　　ロ　役員のうち報酬を受ける者の数が、役員総数の三分の一以下であること。

　二　その行う活動が次のいずれにも該当する団体であること。

　　イ　宗教の教義を広め、儀式行事を行い、及び信者を教化育成することを主たる目的とするものでないこと。

　　ロ　政治上の主義を推進し、支持し、又はこれに反対することを主たる目的とするものでないこと。

　　ハ　特定の公職（公職選挙法（昭和二十五年法律第百号）第三条に規定する公職をいう。以下同じ。）の候補者（当該候補者になろうとする者を含む。以下同じ。）若し

くは公職にある者又は政党を推薦し、支持し、又はこれらに反対することを目的と
するものでないこと。
3　この法律において「認定特定非営利活動法人」とは、第四十四条第一項の認定を受け
た特定非営利活動法人をいう。
4　この法律において「特例認定特定非営利活動法人」とは、第五十八条第一項の特例認
定を受けた特定非営利活動法人をいう。

（中略）

別表（第二条関係）
一　保健、医療又は福祉の増進を図る活動
二　社会教育の推進を図る活動
三　まちづくりの推進を図る活動
四　観光の振興を図る活動
五　農山漁村又は中山間地域の振興を図る活動
六　学術、文化、芸術又はスポーツの振興を図る活動
七　環境の保全を図る活動
八　災害救援活動
九　地域安全活動
十　人権の擁護又は平和の推進を図る活動
十一　国際協力の活動
十二　男女共同参画社会の形成の促進を図る活動
十三　子どもの健全育成を図る活動
十四　情報化社会の発展を図る活動
十五　科学技術の振興を図る活動
十六　経済活動の活性化を図る活動
十七　職業能力の開発又は雇用機会の拡充を支援する活動
十八　消費者の保護を図る活動
十九　前各号に掲げる活動を行う団体の運営又は活動に関する連絡、助言又は援助の活動
二十　前各号に掲げる活動に準ずる活動として都道府県又は指定都市の条例で定める活動

資料12　第9次地方分権一括法の概要

令和元年6月
内閣府地方分権改革推進室
令和元年5月31日成立
令和元年6月7日公布

地域の自主性及び自立性を高めるための改革の推進を図るための関係法律の整備に関する法律（第9次地方分権一括法）の概要

■第9次地方分権一括法

「提案募集方式（※地方の発意に根差した取組を推進するため、平成26年から導入）」に基づく地方からの提案について、「平成30年の地方からの提案等に関する対応方針」（平成30年12月25日閣議決定）を踏まえ、都道府県から中核市への事務・権限の移譲や地方公共団体に対する義務付け・枠付けの見直し等の関係法律の整備を行う。

【13法律を一括改正】

■改正内容

A 都道府県から中核市への事務・権限の移譲（1法律）
・介護サービス事業者の業務管理体制の整備について、届出、立入検査等に係る事務・権限を都道府県から中核市へ移譲（介護保険法）

B 地方公共団体に対する義務付け・枠付けの見直し等（12法律）
・幼保連携型認定こども園の保育教諭の資格要件を緩和する特例の延長（就学前の子どもに関する教育、保育等の総合的な提供の推進に関する法律の一部を改正する法律、教育職員免許法）
・公立大学法人が、設立団体の長の認可を受けて、大学業務及び当該業務に附帯する業務に該当しない土地等を貸し付けることを可能に（地方独立行政法人法）
・公立社会教育施設（博物館、図書館、公民館等）について地方公共団体の判断により、教育委員会から首長部局へ移管することを可能に（社会教育法、地方教育行政の組織及び運営に関する法律）
・放課後児童健全育成事業に従事する者及びその員数について、従うべき基準から参酌すべき基準に見直し（児童福祉法）
・指定管理鳥獣捕獲等事業の従事者が、一定数量の火薬類を都道府県公安委員会の許可なく譲り受けることを可能に（火薬類取締法）
・都道府県建築士審査会の委員任期について、都道府県が条例で設定できるよう見直し（建築士法）
・食品の特別用途表示の許可申請に係る都道府県経由事務の廃止（健康増進法）
・建設業の許可申請等に係る都道府県経由事務の廃止（建設業法）

■施行期日
(1) 直ちに施行できるもの → 公布の日　　(2) (1)に依り難い場合 → (1)以外の個別に定める日

索　引

■アルファベット

CLC　9, 34
ESD　7, 8, 34-37, 71
MSP　21
NPM　58, 64, 126
NPO　iii, 4, 5, 27, 66, 68, 69, 71, 104, 109, 128,
　　144, 155
PDCA　40, 42, 45, 60
PFI　64
PM 理論　61
SDGs　1, 4, 71, 102, 158

■ア行

アウトカム評価　44, 45
アウトプット評価　44
アウトリーチ活動　65
アクティブ・ラーニング　128
意識変容　3, 38, 121
イノベーション　76, 152
居場所　17, 18, 51, 65, 74, 108, 110
インキュベーター　28

■カ行

学習課題　iii, 40, 45, 47, 70
学習活動　69, 79, 119, 120, 135, 156
学習環境　70, 100
学習支援者　22, 87-89, 102, 116, 138
学習情報提供　48
学習する会議　6, 25, 26, 28
学習する組織　7, 20, 160
学習成果　iii, 9, 125, 126
学習成果の活用　21, 118, 119
学習相談　48
学習ニーズ　80, 83
学習プログラム　101
学校　25-27, 30, 33, 35
学校運営協議会　9, 25, 62
学校教育　8, 9, 16, 34, 80
学校支援ボランティア　30, 97, 112

学校づくり　30, 32, 112
カルチャーセンター　22, 46, 128
館長　58, 61, 62
企業　iii, 4, 5, 10, 27, 34, 57, 63, 64, 66, 104, 144,
　　152
きっかけ（づくり）　23, 56, 57, 73, 110
教育委員会　iii, 24, 25, 30, 40, 50, 57, 77, 88, 100,
　　117, 124, 127, 141
教育基本法　8, 20, 40, 42, 58, 59, 168
教育プラン　91
行政計画　42
共生社会　111, 128, 144, 155
協働　21, 52, 69, 71, 119, 145
偶発的学習　121
グローバル（化）　1, 4, 9, 10, 46, 65, 145, 152
経営管理　58
経営手法　64
経営戦略　58
経験学習　118, 120, 121, 123, 156
現代社会　1, 8
現代的課題　45, 104, 117
公共的価値　5, 7, 21
広報　23, 40, 48, 62, 72, 73, 80, 92, 93
公民館　7, 9, 20, 22, 32, 34, 37, 46, 47, 49, 51, 60,
　　66, 68, 71, 72, 77, 92, 108, 110, 124-126, 139
　　——運営協議会　51
　　——主事　7, 42, 51, 53
　　——図説　103
コーディネーション　96
コーディネーター　19, 27, 87, 96, 97, 100, 102
コーディネート　iv, 25, 38, 77, 87, 96-106, 114,
　　144, 145, 147, 151
個人の要望　8, 45-47
子ども　4, 12, 16, 24, 30, 94, 106, 132, 146
コミュニケーション　12, 26, 63
コミュニティ　26, 118, 124, 130, 140, 141, 148,
　　161
コミュニティ・スクール　138

■サ行

支援者　148
資金（調達）　27, 63, 135
資金調達手法　27
自己教育　20, 28, 80
自己肯定感　18, 74, 153
持続可能（性）　1, 7, 34, 68, 71, 90
持続可能な発展　2, 4
指定管理者　10, 14, 54, 57, 64
指定管理者制度　126
自前主義　66
市民活動　21, 134
市民（活動）団体　5, 128, 140
市民協働　68
社会課題　72, 155
社会教育　iii, 1, 7-10, 18, 20, 27, 50, 71, 78, 86,
　　96, 124, 136
　　――委員　43, 91
　　――関係団体　112, 141
　　――行政　iv, 5, 39, 40, 48, 59, 100, 104,
　　124-127, 138, 142, 156
　　――経営　146
　　――計画　40, 42-44
　　――士　iv, 20, 27, 38, 41, 87, 126, 138, 144,
　　145, 156
　　――施設　41, 43, 47, 58-66, 126, 127, 138
　　――主事　iv, 7, 27, 30, 41, 47, 51, 87, 101, 126,
　　144, 145
　　――法　iii, 8, 20, 24, 40-43, 50, 59-61, 124,
　　167
社会づくり　iii, 156
社会的排除　3
社会的包摂　2, 3
社会の要請　28, 45-47, 104
主体形成　78-80
主体者　148
首長部局　iii, 10, 27, 38, 40, 103, 104, 117, 126,
　　127, 144
趣味・教養　22, 24
循環　74, 123, 125, 144
循環構造　122, 123
生涯学習社会　iv, 25, 58

生涯学習審議会答申　21, 101, 119, 142
障害者　108-111, 152, 153
シングルマザー　1, 73, 139
人口減少　2-4, 10, 15, 24, 27, 41, 46, 52, 68, 99,
　　101, 119
人材活用　80, 152
人生100年時代　4, 53
ステークホルダー　5, 6, 25, 35, 60
生活課題　9, 28, 58, 75, 79
総合計画　42, 50, 71
相互教育　20, 28, 80

■タ行

大学　4, 10, 12, 21, 23, 37, 50, 69, 74, 83, 91, 120,
　　123-125, 128, 132, 134, 155
体験活動　13, 17, 18, 114
対等　96-98
ダイバーシティ経営　144, 152
男女共同参画　28, 127, 143
団体　78, 79, 139
地域おこし　12
地域学　120
地域課題　iii, 2, 5, 9, 20, 23, 25, 28, 52, 72, 75, 77,
　　79, 80, 101, 118, 120, 127, 146
地域学校協働活動　iii, 20, 24-26, 28, 96,
　　104-106, 126, 138, 145, 146, 167
地域学校協働活動推進員　25, 96, 105, 145
地域学校協働本部　62
地域活動　106, 124, 128
地域社会　2, 4, 5, 20, 105
地域住民　20, 97, 98, 105, 112, 130, 146, 149
地域人材　77, 78, 81
地域づくり　iii, 3, 5, 8, 9, 10, 20, 21, 24, 28, 34,
　　36, 77, 78, 80, 81, 83, 86, 106, 115, 117-120,
　　122, 125, 127, 139, 144, 146, 147, 156
地域づくりマネジメント　2, 5, 20, 38
地域の教育力　9, 16, 19, 25, 146
地域福祉　50, 91
地域連携（担当）教員　9, 30, 32, 33, 97, 114,
　　145
地方自治法　40, 63, 64, 190
地方創生　iii, 4, 105, 146

中央教育審議会答申　9, 10, 24, 27, 41, 63, 68,
　　101, 104, 119, 162, 164
中間支援組織　52, 63
著作権　48
つながりづくり　10, 50, 68, 98, 101, 104
特別活動　106

■ナ行
担い手　8, 22, 37, 78, 81-83, 85, 106, 150
ネットワーク　iv, 7, 12, 21, 38, 58, 64-66, 89,
　　117, 126, 138, 139, 141, 142, 145-147, 150,
　　151, 153
ネットワーク型行政　27, 66, 127, 138, 142

■ハ行
発達課題　58
ひきこもり　3
人づくり　10, 28, 68, 79, 101, 104
評価　21, 31, 34, 36, 44, 60, 61, 64, 71, 75, 108,
　　125

評価疲れ　45
貧困　1, 99
ファシリテーター　52, 53, 87
複合施設　65
復興活動　148
ふり返り　44, 85, 87, 121
ボランティア　12, 18, 21, 36, 62, 81, 83, 97, 98,
　　148

■マ行
学び合い　6-8, 21, 24, 28, 36, 43, 79, 123, 127,
　　128
マルチステークホルダー・プロセス　2, 5, 6, 26

■ラ行
臨時教育審議会　68
連携　63, 140
連携・協働　iii, 4, 6, 9, 10, 21, 24, 27, 30, 77, 99,
　　101, 102, 104, 138
連帯　68

索　引　201

各部の執筆者紹介 （掲載順、2019 年 9 月現在）

中村　香（なかむら　かおり）　**第 1 部**
1968 年、バンコク生まれ。多国籍企業に約 10 年間勤めた後、英国のバーミンガム大学に留学し、修士を取得。帰国後、お茶の水女子大学人間文化創成科学研究科（博士後期課程）で研究し、2007 年に博士（学術）を取得。現在、玉川大学教育学部教授、川崎市教育委員。専門は生涯学習論、組織学習論、成人教育学、社会教育学。
【主な著訳書】
『生涯学習のイノベーション』（共編著、玉川大学出版部、2013 年）、『ボランティア活動をデザインする』（共著、学文社、2013 年）、『生涯学習社会の展開』（共編著、玉川大学出版部、2012 年）、『学校・家庭・地域の連携と社会教育』（共著、東洋館出版社、2011 年）、『学習する組織とは何か』（単著、鳳書房、2009 年）、『成人女性の学習』（共訳、鳳書房、2009 年）ほか多数。

宮地　孝宜（みやち　たかよし）　**第 2 部**
1971 年、広島県生まれ。日本女子大学大学院人間社会研究科博士課程後期単位取得退学（教育学専攻）。東京都台東区教育委員会社会教育指導員、日本女子大学人間社会学部助教などを経て、現在、東京家政大学人文学部・東京家政大学大学院人間生活学総合研究科講師。さいたま市社会教育委員会議議長、さやま市民大学アドバイザー、いたばし総合ボランティアセンター運営委員。専門は生涯学習論、社会教育学。
【主な著書】
『テキスト生涯学習［新訂版］』（共著、学文社、2015 年）、『ボランティア活動をデザインする』（共著、学文社、2013 年）など。

廣瀬　隆人（ひろせ　たかひと）**第3部**
1956年生まれ、北海道出身。東洋大学大学院修士課程修了。修士（教育学）。現在、とちぎ市民協働研究会代表理事。他に4つのNPO法人役員。元宇都宮大学教授。国立教育会館社会教育研修所などに勤務。元栃木県教育委員、元宇都宮市社会教育委員。現在は、栃木県人権施策推進審議会会長を務める。専門は成人教育学、社会教育学、学校と地域の連携、人権教育など。
【主な著訳書】
『アイヌ民族・先住民族教育の現在』（共著、東洋館出版社、2014年）、『山形学　山形における地域学の成立と展開』（共著、公益財団法人山形県生涯学習文化財団、2014年）、『ボランティア活動をデザインする』（共編著、学文社、2013年）、『学校・家庭・地域の連携と社会教育』（共編著、東洋館出版社、2011年）、『成人教育は社会を変える』（共訳、玉川大学出版部、2003年）ほか多数。

田中　雅文（たなか　まさふみ）**第4部**
1954年生まれ、和歌山県出身。東京工業大学理工学研究科（社会工学専攻、修士課程）修了。博士（学術）。三井情報開発（株）総合研究所、国立教育研究所生涯学習研究部を経て1997年から日本女子大学。武蔵野の雑木林の保全など、ボランティアとして地域づくりにも従事。現在、日本女子大学人間社会学部教授。専門は生涯学習論、社会教育学、ボランティア論、社会工学。
【主な著訳書】
『テキスト生涯学習［新訂版］』（共著、学文社、2015年）、『ボランティア活動をデザインする』（共編著、学文社、2013年）、『ボランティア活動とおとなの学び』（単著、学文社、2011年）、『生涯学習社会の構図』（共著、福村出版、2009年）、『現代生涯学習の展開』（単著、学文社、2003年）、『社会を創る市民大学』（編著、玉川大学出版部、2000年）ほか多数。

社会教育経営のフロンティア

2019年10月1日　初版第1刷発行
2023年1月20日　初版第3刷発行

編著者―――――田中雅文・中村香
発行者―――――小原芳明
発行所―――――玉川大学出版部
　　　　　　　　〒194-8610　東京都町田市玉川学園6-1-1
　　　　　　　　TEL 042-739-8935　FAX 042-739-8940
　　　　　　　　http://www.tamagawa-up.jp/
　　　　　　　　振替　00180-7-26665
装　丁―――――しまうまデザイン
印刷・製本―――創栄図書印刷株式会社

乱丁・落丁本はお取り替えいたします。
©Masafumi Tanaka, Kaori Nakamura 2019　Printed in Japan
ISBN 978-4-472-40588-4 C3037 / NDC 379